THE WINGS OF ICAROS

아름다운 미래를 꿈꾸는 사람들

이카로스의 날개

안소영 지음

도서출판 金井 Goldwell Publishing Inc.

이카로스의 날개

초판 인쇄 2013. 6. 20
초판 출판 2013. 6. 30

지은이 안 소 영

펴낸곳 도서출판 금정
등록번호 제카1-101호 (1988. 8. 1)
주소 우.607-833 부산시 동래구 온천1동 193-14
이메일 zebra7936@hanmail.net
전화 051)512-7936 팩스 051)583-9399

ISBN 978-89-86305-93-7 03800

잘못된 책은 바꾸어 드립니다.
값은 뒤표지에 있습니다.

이 도서의 국립중앙도서관 출판시도서목록(CIP)은 서지정보유통지원시스템 홈페이지(http://seoji.nl.go.kr)와 국가자료공동목록시스템(http://www.nl.go.kr/kolisnet)에서 이용하실 수 있습니다. (CIP제어번호 : CIP2013009380)

···차·례···

제 1 부
시대가 예술을 낳는다

제 2 부
비상하는 한 마리의 새

책머리에

일상에서 주변을 둘러볼라치면, 예술을 한다(?)는 사람들은 대개 생김새가 요란한 모자를 썼다거나 별로 예쁘게 보이지도 않는 수염을 길렀다거나, 아무튼 톡톡 튀는(?) 모양새를 하고 있었습니다. 그것도 자기들의 멋대로, 그래서 가끔 맘속으로 "주제파악을 좀 해주었으면...."하고 늘 색안경으로 보아 왔습니다. 누구나 다 에이브러함 링컨처럼 프록코트를 입고 실크해트를 쓴다고 해서 신사가 되는 것은 아니잖습니까.

우연찮게 접하게 된 아일랜드 출신 작가 제임스 조이스의 《젊은 예술가의 초상》을 통하여 "예술가들의 삶은 함부로 들여다볼 수 없겠구나"하는 것을 알게 되었습니다. 그들의 심연에 활화산처럼 부글부글 끓어오르는 예술가로서의 자부심을 내가 어찌 감히 평가 절하할 수 있겠냐는 자책과 그들의 삶을 통하여 일상에서의 나를 채찍질하는 계기를 갖게 되었습니다.

그렇습니다.

《젊은 예술가의 초상》의 주인공 스티븐을 통하여 예술뿐만 아니라 생의 한 가운데서 자신을 다듬어 가는 삶의 예지(叡智)를 탐익하는 길을 찾는 것입니다. 현대를 살아가는 모두에게 필연처럼 치루어야 하는 과정이기에 한번쯤 익혀야 하는 예술가들의 삶을 반추하는 시도이기도 합니다.

가끔 토슈즈를 벗어던지고 맨발로 춤을 추는 이사도라 덩컨의 그 자유정신을, 술에 취해 강물에 비친 달을 잡으려다 물에 빠져 죽었다는 전설을 남긴 《달과 술》의 시인 이태백의 깊은 뜻을 범속한 제가 함부로 재단할 수 있겠습니까만, 여기에 엮어 낸 글들은 생활의 틈틈이 예술가들의 작품에서 반영된 특징을 메모해 둔 자료들을 나름대로 엮어 내어 일상을 채찍질 할 수 있는 삶의 촉매로서의 읽을 꺼리를 간추려 본 것입니다.

2013년 초여름

제1부

시대가 예술을 낳는다

"사랑하지 않으면서 어떤 실수도 하지 않는 것보다 차라리 한껏 사랑하면서 실수를 하는 편이 낫다. 사랑하면서 저지르는 실수와 잘못을 통해 우리는 성장한다."

-안셀름 그륀의 '사랑한다면 투쟁하라' 중에서-

예술은 영원으로 흐르는 물결

'예술(藝術)'이라는 단어의 사전적 의미는 어떤 일정한 재료와 양식 · 기교 등에 의하여 미(美)를 창조하고 표현하는 인간의 활동, 또는 그 산물이라고 정의하고 있다. 문학 · 음악 · 회화 · 조각 · 연극 · 영화 따위가 여기에 속한다. 그래서 '예술은 길고 인생은 짧다'는 관용어가 생겨났다. 사람의 일생은 짧으나 뛰어난 예술 작품은 작자가 죽은 뒤에도 오래 남기 때문이다.

우리나라 호칭을 보면 똑같은 영어 접미어 '~ist'를 쓰건만 예술가(artist)에게는 그 방면의 지식이나 솜씨가 남보다는 월등하다는 의미로 '집 가(家)'를 붙여 주고, 과학자(scientist)에게는 좀 얕잡아 이르는 호칭인 '놈 자

(者)'를 붙여 주는 것만 보아도 예술은 오래오래 남는다는 것을 알 수 있다.

아일랜드의 소설가 제임스 조이스(1880~1941)는 '의식의 흐름'이라는 수법으로 인간의 내적 상태를 그대로 표현하고자 했던 예술가이다. 그의 작품으로는 «젊은 예술가의 초상» «율리시스» «더블린 사람들» 등이 있다. 그 가운데 특히 1914~16년에 발표된 «젊은 예술가의 초상»은 주인공 스티븐 디덜러스의 유년기에서 청년기에 이르는 자아 형성을 '의식의 흐름'에 따라 섬세하게 묘사한 작품이다.

그의 또 다른 장편소설인 «율리시스»는 1922년 프랑스 파리에서 출간되었는데, 그리스의 서사시 '오디세이아'를 본떠서 1904년 6월16일 아일랜드의 수도 더블린 시의 평범한 광고업자 블룸이 하루 동안 경험하는 외적(外的) 및 인간의 내부에 잠재하는 생활과 회상의 모든 것을 자세히 묘사하였다. 이 두 작품으로 조이스는 '언어의 천재' 또는 '언어의 미로(迷路)'라는 말을 들으며 아일랜드 문학뿐만 아니라 세계 모더니즘 문학의 새로운 지평을 열었다.

그만큼 조이스는 낱말 하나, 기호 하나, 부호 하나에

도 신경을 썼으며 글 자체를 사랑하는 예술가였다. 예를 들면 조이스가 «율리시스»에서 소가 걸어가는 장면을 '똥이 말라붙은 앙상한 엉덩이 위로 꼬리를 천천히 휘두르면서…'로 표현한다든가, "당신의 눈은 박제한 여우의 유리 눈알같이 생기를 잃고 있어요"라고 나타낼 정도로 언어의 마술사 같은 예술 감각을 발휘하였다.

그러면 «젊은 예술가의 초상»을 펼쳐 보자.

주인공 스티븐 디덜러스는 아일랜드 사회라는 현실 속에서 강력한 영향력을 행사하고 있던 국가 · 민족 · 종교 · 학교와 같은 권력들에 의하여 하나의 주체로 구성되어 가는 과정을 그리고 있다. 또한 스티븐은 스스로의 예술가적 부름에 따라 자신을 둘러싼 권력들로부터 벗어나려고 자기 형성적 실천과 자신만의 미학 이론을 구축해 나간다.

조이스는 이러한 극적인 양상을 스티븐의 섬세한 내면 묘사와 충실한 현실 재현을 통해 그려낸다. 따라서 스티븐에게 작용하고 있는 수많은 힘들이 그의 의식에 침투하여 자기 형성 과정에 미치는 영향에 대하여 프랑스의 철학자 미셸 푸코의 논리를 적용시켜 살펴보면 스티븐의 권력에 대한 저항의 가능성을 발견할 수 있다.

푸코는 구조주의(構造主義)의 대표적 사상가로, 인간의 사고의 기저(基底)를 과학이나 철학과는 다른 '무의식적 문화'의 체계에서 구하는 점에 큰 특징이 있다. 푸코는 "우리는 도덕적 문제들에 있어서 여전히 더 이상 믿지 않는 낡은 신념들에 짓눌려 있으며, 계속해서 우리가 처한 문제들에 더 이상 상응하지 않는 낡은 양식들에 기초하여 우리 스스로를 주체로 생산하고 있다"고 주장하였다. 그의 말처럼 진리와 주체는 시간과 역사에 따라 그 의미가 변화하는 것이다.

푸코는 인간이 주체가 되는 방식을 탐구하기 위하여 서로 다른 양식들의 역사를 계보학적으로 연구하였다. 그는 인간 주체가 복잡한 권력 관계에 놓여 있다고 주장한다. 이러한 권력은 훈육과 지침을 통해 누군가를 복종하는 주체로 만든다. "권력은 항상 존재한다"는 푸코의 말은, 저항의 불가능성을 의미하는 것이 아니라 권력이 존재하는 곳에는 항상 저항이 뒤따른다는 것을 의미한다.

푸코는 저항의 가능성에 대해 자기 형성적 실천을 통하여 스스로를 변형시키고 특정한 존재 양식에 도달하는 자아의 활동이 해방의 한 방법이 될 수 있음을 지적

한다. 그리하여 근대적 주체에서 탈피하기 위해서는 특별한 기술인 자기의 테크놀로지를 활용함으로써 수동적이고 종속적이기 만한 주체로서가 아니라 자신의 삶을 적극적으로 만들고 실천해야 한다. 새로운 주체는 이러한 실천을 통해서 비로소 권력에 휘둘리지 않고, 자기 내면을 살피고 스스로의 변화를 꾀하는 '진정한 자신의 모습'으로 이끌 수 있는 것이다.

이와 같이 푸코의 논리에서처럼 «젊은 예술가의 초상»인 스티븐이 만들어 나가는 주체의 모습은 오늘날 수동적인 주체로 살아가는 우리들에게 잊고 있던 참된 '나'를 돌이켜보게 만든다. 그렇기 때문에 스티븐의 주체가 단순히 성장소설의 주인공으로서 예술가적 주체만을 의미한다고 판단했던 기존의 분석을 넘어 끊임없이 자신이 추구하는 자아의 모습으로 발전시켜 나가는 새로운 주체의 형성 과정을 확인할 수 있다.

자기 형성 과정에서 드러나는 스티븐의 태도에서 알 수 있듯이 그는 고분고분하게 권력에 순응하지 않는다. 그는 자신의 주위에 산재해 있는 권력들에 복종하는 듯 보여도 그의 내면에서는 보이지 않는 미지의 형체가 이끄는 열망으로 끊임없이 갈등한다. 스티븐은 주위 환경

보다는 자신에게 집중하고 그 이면에서 들려오는 내면의 소리를 경청한다. 그리하여 그는 자신을 어느 하나로 규정짓지 않고 줄기차게 자신의 행동을 성찰하고 반성해 나가면서 자신의 주체를 구성해 간다.

이와는 달리 같은 «~의 초상»이면서도 조이스보다 28년 먼저 영국에서 태어난 시인이면서 소설가요, 극작가인 오스카 와일드의 유일한 장편소설 «도리언 그레이의 초상»은 스티븐과는 정반대의 인물이 주인공이다. 도리언 그레이는 모든 사람들이 감탄할 만한 용모를 지닌 19세기 영국의 귀족 청년이다. 괴테의 «파우스트»에서처럼 악마와의 우연한 거래로 그는 초상화 속의 '나'와 운명이 바뀌게 된다. 그림 속의 '나'는 늙어가지만 실제의 '나'는 늙지 않는 것이다.

그는 이후 살인과 마약 등의 방탕한 생활을 함에도 불구하고 전혀 늙지 않고 아름다운 용모를 유지한다. 그러니 모두가 부러워할 수밖에. 하지만 자신의 양심은 속일 수 없는 법, 그는 심각한 자기분열과 수치를 느낀다. 왜냐하면 실제 자신은 그림 속에 있기 때문이다. 그림 속 자신의 모습은 그야말로 처참하다. 음행, 마약, 살인에 찌든 그림 속 얼굴은 흉악하게 일그러져 있다.

그는 그림을 밀폐된 방에 숨겨 놓았으나 자기 진실에서는 자유롭지 못하였다. 결국 그는 칼로 그림을 찌름으로써 그림과 자신의 운명을 다시 되돌려놓는다. 그의 아름다운 초상과 칼에 찔려 죽은 흉악한 노인이 하인에 의하여 발견되는 것으로 이 소설은 끝난다. 이 작품은 인간의 마음 깊숙이 잠재한 선과 악의 갈등은 원래 인간의 역사와 함께 존재해 왔다는 것을 보여준다. 이러한 정신과 이중성의 공포를 다룬 작품에는 스티븐슨의 «지킬박사와 하이드씨», 에드거 앨런 포의 «윌리엄 윌슨» 등이 있다.

자유의 날갯짓

«젊은 예술가의 초상»은 집필 당시 아일랜드가 겪고 있던 영국 식민지 지배의 시대상을 여실히 보여준다. 이와 더불어 작품 곳곳에서 가장 두드러지게 드러나는 가톨릭교의 종교적 이면을 발견할 수 있고, 스티븐으로 대변되는 당시의 조이스의 삶을 유추할 수 있다는 점이 흥미롭다.

이 작품 속에서 나타나는 권력과 예속적 주체의 관계를 밝혀냄으로 인하여 현대적 인간의 삶을 조명하는 것은 시대적 패러다임으로도 매우 뜻이 깊다. 자기포기를 강요하는 권력, 특히 스티븐이 주로 교육받아온 학교를 비롯한 아일랜드의 사상적 기반이 되는 가톨릭교 권력의 작용과 이러한 권력으로 인하여 어쩔 수 없이 구성되는 예속적 주체로 성장을 강요받는 스티븐의 모습을 통하여 우리는 이상적인 주체를 실현해 보지 못한 채 사회의 부속품으로 살아가는 현대인들의 모습을 엿볼 수 있다.

조이스는 자서전적 소설인 《젊은 예술가의 초상》에서 주인공 스티븐의 유년기부터 성인이 되어 예술가의 길을 걷기로 결심하고 조국을 떠나는 삶을 그린다. 그러면서 스티븐을 둘러싼 미시적인 권력과 그 권력의 작동들이 스티븐의 주체를 형성하는 데에 지대한 영향을 미치는 여러 에피소드도 곁들인다. 스티븐은 조이스의 스케치에 따라 자신을 구속시키는 가정 · 종교 · 국가라는 권력의 그물을 헤쳐 나와 미지의 예술 창조를 위한 정체성을 확립해 나간다.

그리스 신화에 나오는 명공(名工) 다이달로스처럼 스티븐은 자신의 소명인 예술 창조를 위하여 자신이 속해 있던 사회로부터의 일탈을 시도하는 여정을 밟는다. 그럼으로써 스티븐이 보여주는 새로운 주체로의 변모는 '스티븐'이라는 한 개인의 주체와 권력 문제를 넘어 오늘날 보이지 않는 권력에 감시당하고 통제받는 현대인들이 '자기'를 반추해 보고 윤리적 자기실천의 탐색을 도모하는 데에 의미가 있다고 하겠다.

여기에서 잠시 신화 속의 다이달로스를 한번 만나보자. 미궁(迷宮)의 정복자 테세우스는 헤라클레스와 쌍벽을 이루는 그리스 영웅이다. 크레타 섬의 미노스 왕이 아테네에서 공물로 바친 젊은이들을 미궁 속에 몰아넣어 반인반수(半人半獸)의 괴물 미노타우로스의 먹이로 삼았다. 테세우스는 서슴없이 미궁 속에 들어가 괴물을 때려잡은 뒤, 그를 흠모한 미노스 왕의 딸 아리아드네가 준 실꾸러미로 미궁 속에서 길을 잃지 않고 나올 수 있었다. 테세우스가 탈출한 미궁은 다이달로스라는 아주 솜씨 좋은 명공에 의하여 만들어졌다.

다이달로스는 미노스 왕을 위해 이 미궁을 만들었는데, 훗날 왕의 총애를 잃어 탑 속에 갇히게 되었다. 그는 감옥에서 도망할 궁리를 해 보았으나 섬은 바다에 의해 탈출할 수가 없었다. 왜냐하면 왕은 모든 배를 엄중히 감시하여 세밀한 검열을 받지 않고서는 출범하지 못하게 하였기 때문이었다. 다이달로스는 며칠을 두고 곰곰 생각하였다.

〈미노스는 육지와 바다는 지배할 수 있으나 하늘을

지배할 수는 없을 것이다. 나는 이 길을 택해 보겠다.〉

그리하여 그는 자기 자신과 젊은 아들 이카로스를 위하여 날개를 만들기 시작하였다. 새의 깃털을 모아 밀초로 붙여 날개를 만들었다. 그는 아들에게 날개를 달아주고 나는 법을 가르쳐 주었다. 그는 아들에게 말하였다.

"이카로스야, 나는 네가 적당한 높이를 유지하기 바란다. 왜냐하면 너무 낮게 날면 습기가 날개를 무겁게 할 것이고, 너무 높이 날면 태양의 열이 날개를 녹여 버릴 테니까. 그러니 마음을 차분히 가지고 내 곁으로만 따라오면 안전할 것이다."

이런 교훈을 일러주면서 아들의 어깨에 날개를 달아주고 있을 동안에 아버지의 얼굴은 눈물에 젖고 손은 떨렸다. 그는 이것이 최후일지도 몰라서 아들에게 키스하였다. 그러고 나서 홰를 치며 공중으로 떠올라 날아갔다.

그때 아들 이카로스는 나는 기쁨에 겨워 아버지의 곁을 떠나서 하늘에 닿을 정도로 높이 올라갔다. 그러자 불타는 태양은 날개를 고착시키고 있던 밀초를 녹였다. 이윽고 날개는 떨어졌다. 아들은 팔을 흔들었으나 아뿔싸, 공중에 몸을 뜨게 할 날개는 하나도 남아 있지 않았다. 아버지를 향해 살려 달라고 애타게 부르짖었건만 이미 궤도를 이탈한 기관차처럼 그의 몸은 바다의 푸른 물속에 가라앉고 말았다. 그 후 이 바다는 '이카로스해'라 불린다.

손도 써 볼 새 없이 아들을 잃은 다이달로스는

"이카로스야, 이카로스야, 어디에 있느냐?"

하고 울부짖었다. 마침내 그는 날개가 물 위에 떠 있는 것을 보았다. 그리고 자신의 기술을 한탄하면서 아들의 시체를 묻었다.

프랑스의 계몽사상가 장 자크 루소는 그의 작품 «에밀» 제 2부에서 다이달로스와 이카로스의 이야기를 다음과 같이 진단하고 나섰다.

"인류는 만물의 질서 속에서 그 지위를 차지하고 있다. 마찬가지로 어린 시절도 인생의 질서 속에서 그 지위를 차지하고 있다. 따라서 어른은 어른의 위치에서 생각해야만 하고, 어린이는 어린이 위치에서 생각해야만 한다. 저마다에게 각기 자기 위치를 정해 주고 그 위치에 안정시키는 일, 인간 조건에 따라서 인간의 정열을 정리해 주는 일, 이것이 인생의 행복을 위해서 우리가 할 수 있는 전부인 것이다."

사실 «젊은 예술가의 초상»에 나오는 스티븐도 유년

기에는 이카로스처럼 가정의 권력, 아버지의 권력에서 벗어나 치기어린 모험심에 빠지기도 하였다. 다만 아직 선택의 기로에서 잘잘못을 판단하는 데는 익숙하지 못하였던 것이다. 프랑스의 실존주의자 사르트르가 "사람은 이 세상에 아무렇게나 내던져진 존재이다. 그가 어느 길을 가거나 자유이다. 그러나 그 선택에 책임을 져야 한다"는 말을 미처 깨닫지 못했을 뿐이다. 사르트르는 노벨상의 이미지에 의해 자신의 문학이 규정지어지고 제한받는 것은 부당하다 하여 수상을 거부하였다. 노벨문학상을 거부함으로써 수상자보다 더 주가가 오른 예를 남겼다.

사르트르는 그의 저서 «자유에의 길»에서 아버지의 권력을 벗어난 자유를 만끽하려고 애를 쓰는 스티븐에게 들으라는 듯이 한마디 충고를 던진다.

"인간에게는 자유가 있다. 그러나 이 자유라는 말을 앞에 놓고 우리의 가슴은 설레기는커녕 무거운 우수에 잠겨 버린다. 왜냐하면 그것은 '노예상태로부터의 자유'라는 그런 목적으로서의 자유가 아니라 무엇을 해도 좋지만 과연 무엇을 해야 좋을지 모를 때의 괴로운 자유, 존재한다는 사실 때문에 강제로 짊어지게 된 자유이기 때문이다. 따라서 자유란 고민이다. 가령 '어떻게 할까요?'하는 물음에 대해서 아버지가 '그것은 네가 알아서 할 일이다'라고 대답할 때에 어린 아이가 느끼는 그 고민이다."

영국의 철학자 존 스튜어트 밀도 그의 저서 «자유론»에서 "자기의 생활 설계를 스스로 선택하지 않고 이 세상 사람들이나 자기 자신이 속하고 있는 세계의 일부분 사람들이 선택해 주는 대로 일임하고 있는 사람은 원숭이와 같은 모방의 능력 이외에는 어떠한 능력도 필요로 하지 않는다. 자기의 생활 설계를 스스로 선택하는 사람이야말로 그가 가지고 있는 모든 능력을 활용하는 것이다"라고 스티븐에게 도움말을 남겼다.

한 잎의 낙엽도 떨어져 내리면서 우주의 가장 큰 법칙 하나를 채우는데, 똑같은 소아마비에 걸려도 어떤 사람은 루스벨트처럼 대통령이 되고 어떤 사람은 길거리의 거지가 되는 이유는 바로 선택의 잘잘못에 있다는 것을 스티븐은 아직 모르고 있는 나이였다. 그러기에 인간은 기성질서의 테두리 안으로 다시 후퇴하려 하고 자기의 고민을 잊게 해주는 위안을 찾음으로써 스스로를 속여 나가는 것이다.

종교와의 갈등

가정 · 종교, 그리고 국가의 지배적 이데올로기는 애국심을 뜨겁게 고취시키고자 했던 민족주의 정치와 그러한 정치에 상호교환적인 모습을 보이는 전형적인 아일랜드의 가정은 물론 중산 계층의 물질주의적 가치관으로 드러난다. 뿐만 아니라, 성직자 중심주의 혹은 교권주의가 뿌리 깊게 침투해 있는 가톨릭교 체제의 교육 모습으로 생생하게 그려진다.

이처럼 《젊은 예술가의 초상》에서 정치적 · 사회적 · 종교적 권력들은 스티븐을 복종하도록 강요하며 수동적이고 종속적인 주체가 되도록 훈육한다. 가톨릭교 교회는 가족에 대한 책임과 봉사를 의무로 내세우고 신과 종교에 헌신하게끔 유도한다. 이와 같이 강한 지배력을 지닌 가톨릭교 교회와 격렬한 민족운동을 앞세운 조국에 대한 충성의 의무는 스티븐의 영혼과 자유를 억압하는 덫으로 작용할 뿐이었다.

«젊은 예술가의 초상» 전반에서 드러나는 권력들 중에서 특히 '종교'는 작품의 외적인 곳곳에 등장하여 배경을 이루며, 스티븐의 정신을 지배하고 억압하는 그 어떤 굴레보다 강력한 구속력을 가진다. 또한 종교는 스티븐이 아일랜드를 떠나 자유롭게 예술 창조를 하게 만드는 결정적 동기를 제공한다. 그 과정에서 역시 가족이나 종교, 또는 국가의 권력이 스티븐에게 가톨릭교의 범주를 벗어나지 못하도록 옥죄고 발목을 잡지만 그는 자신을 정복하고 종속시키려는 권력들과 상호작용하며 때로는 저항으로 자기를 형성해 나간다.

그러면 당시의 아일랜드 상황은 어땠을까?

12세기 중엽 영국 왕 헨리 2세에 의해 정복당한 아일랜드는 영국의 정치 · 사회 · 경제, 그리고 문화적 지배하에 존재하였다. 아일랜드 국민은 이와 같은 식민지 상황에서 벗어나고자 갖가지 민족적 독립운동을 전개하였지만 결과적으로는 성공하지 못하였다. 독립운동의 실패에서 오는 좌절감은 아일랜드 사람들로 하여금 영국적 성향을 체현하게 만들었고, 그들의 마비된 삶의 모습으로 다양하게 나타났다. 이러한 양상은 독립운동 중 발생한 여러 파벌 사이의 배신과 비협조에 기인하였다고 박지향의 «슬픈 아일랜드»(2002)에서 기술하고 있다.

영국은 아일랜드를 식민지화한 이후 빠른 속도로 종교적 변화를 일으킨다. 대다수 아일랜드 사람들은 가톨릭교를 믿어 왔지만 국왕이 교회의 수장이 되는 영국식 국교회가 '아일랜드국교회'로 자리를 잡음으로써 일순간 가톨릭교를 신봉하는 사람들은 '비국교도'가 되어 버리고 말았다. 이로 인하여 토착 아일랜드인과 신교도를 믿는 영국계 아일랜드 사람들 사이의 종교적 대립 양상이 뚜렷해지기 시작하였다.

이러한 역사의 맥락을 짚고 스티븐은 '영국'과 '종교'라는 두 개의 식민주의에 예속된 자신의 현실을 인식한다. 이와 같은 인식은 스티븐이 자신에게 미치는 권력, 특히 종교가 만들어 내고자 하는 서구 가톨릭교적 주체화에서 탈피하여 예술가가 되기 위하여 자신을 변모시켜 나가는 고대 그리스적 주체화로 탐색을 추구하게 만든다.

다음으로 《젊은 예술가의 초상》에서 전개되는 유년 시절부터 종교적 회심(回心)과 훈련을 거친 뒤 성직에 대한 거절과 함께 자신의 예술가적 이상을 재발견하는 시기, 이후 대학에서 자신의 미학 이론을 체계화함과 동시에 예술가적 야망 성취를 위하여 '자기 유배'를 떠나는 원숙기에 이르는 스티븐의 성장 과정을 면밀히 탐색하게 된다.

종교는 정신적으로 안정과 평상심을 갖게 하고 생활 속에서 성실과 행복을 추구하는 희망의 메시지가 되어야 한다. 그런 연유에서 종교는 개인뿐만 아니라 인류 정의에 공헌한다는 뜻에서 인간에게 없어서는 안 될 정신문화의 근원인 것이다. 하지만 종교에 맹목적으로 빠진 나머지 신앙생활의 본래 목적과 자세를 잃어버리고 아집과 배타에 젖는 신자들이 있다.

인간이 산다는 것은 가치를 실현하고 창조하려는 부단한 노력의 체계일진대, 우리의 주인공 스티븐은 자신의 주변에서 벌어지고 있는 성직자들의 모습을 보고는 실망의 한숨을 쉴 수밖에 없었다. 마치 이 시대의 탁월한 기호학자이요, 이탈리아의 베스트셀러 작가인 움베르토 에코의 장편소설 《장미의 이름》에 나오는 수도사들을 보는 것 같다. 에코가 48세 때인 1980년에 발표된 이 작품은 1500만 부 이상 팔렸으며 영화화되어 우리에게도 익숙한 내용이다.

중세 이탈리아 수도원 도서관에서 «시학(詩學)» 2권을 둘러싸고 연쇄살인 사건이 터진다. 범인은 수도원 도서관장이었다. 희극을 죄악시하여 책장에다 독을 발라놓았기 때문이다. 웃음을 죄악시하는 수도사는 "우리 주 예수께선 희극을 입에 담지 않았다"며 "웃음은 인간의 얼굴을 일그러뜨려 잔나비로 격하시킨다"고 한다. 그러나 합리주의를 지향하는 윌리엄 수도사는 "이성에 반하는 불합리한 명제의 권위를 무너뜨리는 데 웃음은 아주 좋은 무기가 될 수 있다"며 "웃음은 사악한 것의 기를 꺾고 그 허위의 가면을 벗기는 데 요긴하다"고 반박한다.

스티븐은 가톨릭교의 권위가 못마땅하여 제2의 인생길을 택한다. 그것은 또 다른 방향으로의 모험이기도 하였다. 낭만주의와 헤겔 철학의 영향으로 종교적 깨우침을 얻어 관념론적 사변철학을 통렬히 비난한 덴마크의 종교 사상가 키에르케고르는 일종의 역설변증법(逆說辨證法)을 말함으로써 근대 실존주의 사상의 선구자 역할을 하였는데, 그는 절망의 늪에서 헤어나기 위해서는 '모험'이 필요하다고 강조하였다.

"모험이란 곧 자기 자신을 자각한다는 것을 말한다.… 세상의 눈으로 본다면 모험은 위험한 것이다. 왜 그런가? 모험을 하게 되면 실패할 수도 있기 때문이다. 모험하지 않는 것, 그것이 현명한 일이다. 그러나 사람은 모험을 통하여 상실하는 것이 많다고 하더라도 모험을 하기만 하면 잃지 않을 그런 것을, 오히려 모험하지 않음으로써 상실하는 경우가 있다. 자기 자신을 잃는 것이 바로 그렇다."

스티븐은 기꺼이 모험의 길에 올랐다. 설령 그 길이 실패로 끝날지언정 그는 모험에 도전하고 싶었던 것이다. 모험에는 실패의 구렁텅이도 놓여 있지만 때로는 성공의 계단도 놓여 있기 때문이다. 가만히 주저앉아 있으면 절대로 실패할 일이 없다. 하지만 절대로 성공할 일도 없다. 자, 어느 쪽을 선택할 것인가? 스티븐은 일어서는 용기로 모험 쪽을 선택한 것이다. 소년 짐이 절름발이 해적 실버와 보물섬으로 가는 것처럼. 영원히 어른이 되지 않는 소년 피터 팬이 후크 선장과 모험을 벌이는 것처럼.

아름다운 도전

스티븐의 새로운 인생 설계는 하나의 아름다운 도전일 수 있다. 고여 있는 물은 썩기 쉽다. 팽이가 돌지 않으면 쓰러지는 이치와 같다. 인간도 움직이지 않으면 퇴화하고 만다. 구각을 탈피하지 못하고 고답적인 가톨릭교의 규범에 갇혀 숨구멍이 막히는 줄도 모르고 살아갈 뻔한 인생의 방향키를 일백팔십도 돌린 것은 스티븐의 참 용기에서 오는 모험이요, 도전인 것이다.

프랑스의 박물학자요, 진화론자인 라마르크가 주창한 '용불용설(用不用說)'도 있다. 생물에는 환경에 대한 적응력이 있어서 자주 사용되는 기관은 세대를 거듭함에 따라 잘 발달되며, 그렇지 못한 기관은 점점 퇴화하여 소실되어 간다는 설이다. 인간은 한 자리에 가만히 있는 붙박이장이 아니다. 더욱이 스티븐은 어린 소년이 아니던가.

프랑스의 소설가 베르나르 베르베르가 쓴 «개미»에는 인간의 존재 이유를 묘사한 글이 있다.

"당신을 둘러싸고 있는 시공간의 모든 것 중에서 쓸모없는 것이라고는 없다. 당신도 물론 쓸모없는 존재가 아니다. 당신의 삶은 막다른 골목으로 통하지 않는다. 모든 것은 저마다 의미를 지니고 있다. 행동하라! 무엇인가를 행하라! 하찮은 것이라도 상관없다. 죽음이 찾아오기 전에 당신의 생명을 의미 있는 무언가로 만들어라. 당신은 쓸데없이 태어난 것이 아니다. 당신이 무엇을 위하여 태어났는지를 발견하라. 당신의 최소한의 임무는 무엇인가? 당신은 우연히 태어난 것이 아니다. 명심하라."

그렇다. 우리의 주인공, 우리의 스티븐은 쓸데없이 태어난 것이 아니다. 독자들에게 희망과 구원의 손길을 내밀어 주기 위하여 태어난 것이다. 이런 스티븐에게 독일의 시인 니체는 «차라투스트라는 이렇게 말했다»에서 "새로운 용기를 가져라. 그 정도의 실패에 신경쓸 것 없다. 아직도 가능성은 얼마나 많은가!"라며 "만일 그대가 높이 오르려면 자신의 발로 올라야 한다. 그대는 남의 힘으로 올라서는 안 된다. 그대는 다른 사람의 등이나 머리 위에 올라타지 말라"라고 조언한다. 그리고는 "그대의 능력에 넘치는 어떠한 것도 바라지 말라. 자신의 능력에 넘치는 것을 바라는 자에게는 사악한 기만이 깃들어 있다"고 귀띔해 준다.

역시 독일의 시인이요, 소설가인 괴테도 그의 작품 «파우스트»에서 한몫 거든다. "착한 인간은 암흑의 충동에 쫓기더라도 결코 올바른 길을 잃지 않는다"면서, 파우스트의 입을 빌려 "똑똑하다는 것은 자칫하면 자만심과 천박함에 지나지 않는다. 겸양과 자기를 낮추는 것이야말로 자비롭게 나누어 주는 자연의 최고 선물이다"고 훈수를 둔다.

파우스트는 악마 메피스토펠레스에게 영혼을 팔면서까지 진리를 탐구하고자 하였다. 철학 · 법학 · 의학 · 신학 등 공부란 공부는 다 해보았으나 만족 못하고, 우리의 주인공 스티븐처럼 다른 무언가 새로운 것을 갈망하는 순간에 악마가 나타난 것이다. 급기야는 행복과 그의 목숨을 맞바꾸기로 악마와 내기를 한다.

진정 파우스트가 도달한 결론은 '과정'이 중요하다는 것이었다. 어떤 결과가 나올지 모르지만 그 과정 자체를 즐기다 보면 결과는 부산물일 뿐인 것이다. 파우스트가 목숨을 버리면서까지 알고자 했던 것은 "내가 진심으로 원하는 것은 무엇인가?"였다. 이렇게 시련을 겪는 파우스트 박사를 돕기 위하여 강림한 천사는 "끊임없이 노력하는 자, 우리가 그를 구원하리"라고 말한다.

러시아의 대문호 톨스토이의 민화집(民話集) «사람은 무엇으로 사는가»를 보면, 천사 미하일이 마음씨 좋은 구둣방 세몬 부부 집에서 6년 간 살다가 하늘로 올라가면서 말한다.

"…이제야 나는 깨달았다. 모두가 자신을 걱정함으로써 살아갈 수 있다고 생각하는 것은 다만 인간들이 그렇게 생각하는 것일 뿐, 정말은 사랑에 의해 살아가는 것이다. 사랑 속에 사는 자는 하느님 안에 살고 있다. 하느님은 그 사랑 안에 계시다. 왜냐하면 하느님은 사랑이므로."

스티븐은 진정 하느님을 믿으면서도 자기를 옭아매고 있는 가톨릭교의 교회는 싫었다. 더욱이 예술가의 길을 선택한 이상 어디에도 속하지 않은 자유의 의지로 행동

반경을 넓혀 가고 싶었다. 그런 눈치를 챈 독일의 시인 라이너 마리아 릴케는 그의 작품 «말테의 수기(手記)»를 통하여 스티븐에게 한 가지 충고를 한다.

"시(詩)라고 하는 것은 너무 어린 나이에 쓰면 보잘것 없는 것이 되고 만다. 사람은 무릇 기다려야 한다. 사람은 평생을 두고, 가능하면 오래 살아, 우선 꿀벌처럼 꿀과 의미를 모아들여야 하며, 이를 거름삼아 아마 생의 끝에 가서 몇 줄 정도의 좋은 시를 쓸 수 있을지 모르겠다."

우리 주변에서 고만고만한 시인들이 넘쳐나는 오늘날, 스스로 시인이라 내세우는 사람이 있다면 스티븐과 함께 꼭 귀담아들어야 할 경구이다. 그러니까 이 «말테의 수기»는 시인으로서 살아가는 일의 고통과 아픔을, 하지만 그 방랑의 늪을 지나서 쟁취하는 빛나는 예술혼을 보여주는 소설이다.

릴케는 또 «젊은 시인에게 보내는 편지»에서 큰 고독을 참기 어렵다고 편지를 보낸 젊은 시인에게 "고독이 자라나는 것은 소년이 성장하듯 고통스러우며 봄이 시작되듯 슬픈 것"이라며 "그러므로 삶은 언제나 어려우며 그러면서도 그것은 성장을 멈추지 않기에 그 속으로 더 깊이 침잠하라"고 친절하게 가르친다.

릴케는 죽기 전에 자신의 묘비명을

"장미여, 오, 순수한 모순이여
겹겹이 싸인 눈꺼풀들 속
익명의 잠이고 싶어라"

하고 직접 자기 손으로 써 놓았는데, 기나긴 방황을 끝내고 집으로 돌아온 '탕아'로서 말테의 영혼은 이미 저 높은 곳으로 솟구치려는 채비를 마쳤을 것이다.

묘비명이라고 하면 조이스와 같은 민족인 아일랜드의 극작가 조지 버나드 쇼의 묘비명도 대단하다.

"우물쭈물하다가 내 이렇게 될 줄 알았어"

라고 웃겼으니. 그런 버나드 쇼도 스티븐에게 충고의 말을 던진다. "인간이란 것은 언제나 자기가 가지고 있지 않은 것의 가치를 과장하여 생각하는 법이다. 가난한 사람들은 돈만 있으면 자기들이 행복해질 것으로 생각한다. 똑같은 이유에서 진실이라든가, 순결이라든가, 무사무욕을 바람직한 것으로 누구나가 다 원한다. 이것은 모두가 그런 것들을 가져본 경험이 없기 때문이다"라고.

예술가들의 모험

예술의 길을 찾아 떠난 사람은 비단 스티븐뿐만 아니다. 추위에 떨어본 사람만이 태양을 따뜻하게 느끼고 인생의 번민을 통과한 사람만이 생명의 존귀함을 안다. 사람은 누구나 두 가지 마음을 품고 있다. 평온하고 안락하게 살고 싶은 마음과 좀 더 모험적이고 도전적인 것을 좇는 마음이다. 즉, 현실을 추구하는 욕구와 꿈을 향해 나아가려는 욕구가 동시에 존재하는 것이다.

«인간의 굴레»로 잘 알려진 영국의 소설가 서머싯 모옴의 또 다른 작품 «달과 6펜스»에서도 스티븐처럼 예술의 가치를 확인하려고 떠나는 사람이 있다. 소설 속의 주인공 스트릭랜드(고갱)는 물질적인 안락한(6펜스) 삶

을 과감하게 내팽개치고 미련 없이 예술(달)을 지향하는 세계로 인생의 행로를 바꾼다. 그는 나이 사십이 되어서야 비로소 자기가 진정으로 하고자 하는 것이 무엇인지를 체득하게 된다. 마치 속세를 살아가다가 어느 순간 환멸을 느껴, 이른바 깨달음에 의한 구도의 길로 들어서는 것과 비슷하다.

그는 인생유전을 거듭하다가 타이티 섬에 가서 정착한다. 그는 모든 물질문명을 외면하고 오직 자연만을 벗한 채 그림에 몰두한다. 세월이 흘러 이 섬의 풍토병인 한센병(나병)에 걸려 죽지만 운명에 굴하지 않고 끝까지 영혼의 눈을 통해 천지창조와도 같은 훌륭한 작품을 남긴다. 열정과 기쁨, 두려움이 느껴지는 그의 창작품을 보는 사람들은 아름다움에 감탄한다. 예술가의 고통은 작품의 미적 가치에 대한 대가인지도 모른다. 작가가 겪는 고통 속에서 창의성은 자라는 것 같다. 나이 사십에 다니던 직장도 그만둔 그는 끝내 "그림을 그리지 않고는 견딜 수가 없다"고 부르짖었다.

이 작품을 완성한 모옴은 1874년 프랑스에서 태어나 영국에서 살았다. 프랑스 태생의 영국인인 셈이다. 보통 아이들처럼 부모의 정을 느끼지 못하고 유년기를 보낸 모옴은 늘 슬프고 우울한 생활에 빠져 있었다. 게다가 겁이 많고 말을 심하게 더듬어서 같은 또래의 아이들과도 잘 어울리지 못하였다. 그러다가 정열의 화가 고갱의 전기에서 힌트를 얻어 «달과 6펜스»를 썼다. 진정한 삶은 풍요로운 물질보다는 순수한 정신세계에 있음을 이 작품은 보여준다.

1915년에 모옴의 자전적 소설로 발표된 «인간의 굴레»는 불구자로 자라난 고아 필립이 실의의 나날 속에서 겪는 여러 가지 경험과 여성관계, 친구의 죽음 등을 통하여 결국 인생은 페르시아 융단의 무늬 모양으로 아무런 의미가 없다는 결론에 이른다는 줄거리이다.

이 소설은 주인공 필립의 서른 살까지를 취급하고 있다. 필립은 고아인 동시에 절름발이 소년이라는, 말하자면 이중의 십자가를 등에 지고 산다. 목사 부부의 인색하고 허위에 찬 생활을 목격하면서도 신앙은 산이라도 움직인다는 것을 성서에서 읽고 "저의 병신 다리를 제발 낫게 해 주소서"하며 몇 밤이고 열심히 하느님께 기도를 드렸지만 종내는 자신의 소원이 이루어지지 않는다는 것을 알고는 종교에 대한 의문이 생긴다. 예술가가 되고자 화가를 지향하던 필립은 자신의 재능에 회의를 품는다.

필립은 인생유전을 거듭하다가 파리에서 낙혼(落魂)의 시인 크론쇼의 입을 통하여 현란한 꽃무늬의 페르시아 양탄자에 관한 수수께끼 같은 이야기를 듣게 된다.

"자넨 인생의 의미를 여러모로 고민하고 있는 것 같군 그래. 이 양탄자를 보란 말야. 인생의 의미는 이것으로 알아볼 수 있지."

인생의 의미는 무엇일까? 필립이 도달한 결론은 '인생은 궁극에는 무의미하다'는 것이었다. 양탄자의 직공이 다만 자신의 심미감을 만족시키기 위하여 자기 나름의 무늬를 짜내는 것과 같이 인생도 또한 그렇게 살아나가면 된다는 것이었다. 필경 인생을 한 개의 무늬로 보아서 잘못이 아니라는 것이었다. 그러니 모든 일은 자기 자신의 즐거움을 위해서 하면 된다는 것이었다.

«인간의 굴레»에 등장하는 인물 중의 한 사람인 화가 포아네 선생은 필립에게 다음과 같은 말을 한다. 마치 우리의 주인공인 스티븐도 들으란 듯이.

"먹고 사는 것을 끊임없이 걱정해야 하는 것만큼 인생에서 고달픈 일은 없네. 난 금전을 멸시하는 사람에 대해서는 언제나 경멸하는 태도로 임하고 있네. 그따위

녀석은 위선자가 아니면 바보 천치 둘 중에 하나이겠지. 돈이란, 말하자면 육감(六感)과도 같은 것이어서 이것이 없이는 나머지 오감(五感)이 온전하게 기능을 발휘하지 못하는 법일세. 적당한 수입이 없는 날에는 인생의 가능성 절반은 막히고 마는 셈이 되네. 꼭 한 가지 강조해서 말하고 싶은 점은, 벌어들이는 1실링에 대해 지불을 1실링 이상 하면은 안 된다는 것일세. 자네도 들어서 알고 있겠지만 세상 사람들이 흔히들 빈곤은 예술가에 대한 최상의 자극제가 된다고들 말은 하는데, 그건 빈곤의 칼날을 몸소 겪어 보지 못한 철부지들의 소리일세. 빈곤이라는 것이 얼마나 사람을 비열하게 만들고 날개를 잘라 버리며, 흡사 암처럼 육신을 마구 잠식해 가는 무서운 것일세. 뭐, 큰 부자가 되자고 하는 말은 아닐세. 다만 인간으로서의 품위를 유지하고 마음껏 일을 하며, 너그럽고 솔직하고 독립된 인간으로서 살아나가는 데 필요한 돈만 있으면 된단 말일세. 작가건 화가건 간에. 난 예술만을 생계의 유일한 방편으로 삼는 사람들은 진정 불쌍하다고 보네."

이제 막 예술가의 길에 오른 우리의 스티븐에게는 힘 빠지는 말로 들리겠으나 원래 충성된 말은 귀에 거슬리는 법이고 양약은 입에 쓴 법이다. 그래서 영국 속담에 "남의 잘못에 의하여 현명한 사람은 자기를 바르게 한다"고 했으니 스티븐은 분명 조금 전의 말을 옳게 해석할 것이다. 신약성서 야고보서에는 "사람이 제가 마땅히 해야 할 착한 일을 알면서도 하지 않으면 그것이 곧 죄가 된다"라는 구절이 있다. 스티븐은 자신의 일을 알고 있기 때문에 방황하지 않을 것이다.

1950년 노벨문학상을 받은 영국의 사상가 버트란드 러셀도 "참을성이 적은 사람은 그만큼 인생에 있어서 약한 사람이다. 한 줄기 샘이 굳은 땅 틈을 헤치고 치솟아 나오듯 인내의 힘이 없으면 광명을 얻기 어렵다. 오늘 하나의 어려운 일을 참고 극복했다면 그 순간부터 그는 강한 힘의 소유자다"라고 도움말을 주었다. 이제 공은 스티븐에게로 넘어갔다.

사람이 겸허하지 못하면 아무리 인간적 지식을 많이 가지고 있어도 미망(迷妄)에서 벗어날 수 없다. 시간관념이 철저하기로 유명한 독일의 철학자 임마누엘 칸트는 "인간은 이성적 존재이기 때문에 스스로 도덕 법칙을 실천할 수 있는 실천적 의지, 즉 자유의지를 가진다"고 하였다. 인간은 또한 자유의지를 가지기 때문에 욕구에 위배되는 행위를 할 수 있으며, 이러한 행위에 대하여 책임을 질 의무를 갖는다는 것이다. '이성적인 존재인 인간을, 도구가 아닌 목적으로 대하라'는 준엄한 가르침이 스티븐의 귀를 때린다.

희미해져가는 신앙심

스티븐은 사제가 되기를 강요하는 가톨릭교 교회와 민족 문화운동을 부추기는 아일랜드의 민족주의 등 별로 반갑잖은 간섭의 촉수들에 둘러싸여 있었다. 이러한 '보이지 않는 손' 같은 권위의 시선들은 스티븐을 그들이 원하는 방향으로 주파수를 맞추어 놓으려 한다.

그는 무엇보다도 "신사가 되어라"고 하는 아버지의 목소리, 무엇보다도 훌륭한 가톨릭교도가 되기를 권고하는 가톨릭 학교 선생님의 간단없는 목소리를 들었다. 대학에서 민족문화 부흥운동이 일어났을 때는 또 다른 목소리가 그에게 조국에 충성하고 쓰러져 가는 민족 언어와 전통을 다시 세울 것을 명령하였다. 동시에 어떤 세속적 목소리는 그에게 열심히 노력해서 기울어져 가는 가운(家運)을 일으킬 것을 독려하였다.

그 중에서 특히 가톨릭교는 직·간접적으로 아일랜드 사회 전체에 영향을 미치고 있었으며, 스티븐을 비롯한 더블린 사람들의 의식을 지배하는 메커니즘으로 나타난다. 스티븐이 다니는 학교는 예수회 학교로, 그곳에서 스티븐은 자연스럽게 가톨릭교의 교리를 익히고 종교적 의무를 따르는 데에 많은 시간을 할애하도록 교육받는다. 그러나 아일랜드의 정치적 요소와 자신의 성적 욕망을 인지하기 시작하면서부터 스티븐은 이제까지 순종적으로 받아들여 왔던 가톨릭교에 대한 회의감을 느끼기 시작한다.

스티븐이 종교에 대한 회의감을 느낄 무렵까지는 그래도 가정과 학교에서 종교 교육을 철저하게 받으며 자신의 신앙에 대해 아무런 비판 없이 받아들이고 실천하였다. 그러던 중 스티븐은 크리스마스 만찬 자리에서 일어난 격렬한 논쟁을 지켜보며 자신이 경험하고 있는 종교의 위상에 강한 의구심을 지니게 된다. 아일랜드 가정을 비롯한 사회 전반을 뒤덮고 있는 '가톨릭교'라는 종교가 '정치'라는 이데올로기와 충돌하는 모습은 등장인물들의 다음 장면에서 서서히 나타난다.

– 단티는 탁자 쪽으로 기대어 케이시에게 외쳤다.
"그래요, 맞아요! 그들은 언제나 옳아요. 하느님과 도덕, 그리고 종교가 무엇보다 우선이에요."
"하느님과 종교가 무엇보다도 우선이라구요!"
단티가 재차 외쳤다.
케이시가 그의 주먹을 꽉 쥐고 테이블을 쾅 내리쳤다.
"아주 좋소."
그는 목이 쉬도록 소리쳤다.
"만약 그것이 정말 그렇다면 아일랜드를 위한 하느님은 없는 것이오!" –

케이시와 단티가 대립적인 태도를 보인 것은 가톨릭 세력들이 정치적으로 조국의 영웅이었던 아일랜드의 민족주의 지도자 찰스 스튜어트 파넬을 몰락으로 내몰아 낸 사건 때문에 발생하였다.

파넬은 영국의 지배를 받고 있던 아일랜드에서 조국의 독립을 쟁취하는 데에 앞장선 인물이다. 하지만 호사다마(好事多魔)라고, 그의 정치적 동료의 아내와 내연관계를 가졌다는 사실이 세간에 알려지자 아일랜드의 가톨릭 세력들은 앞 다투어 파넬의 정치적 도덕성을 문제

삼아 그를 '영웅'의 반열에서 끌어내려 버린 것이다.

이러한 언쟁은 스티븐이 유년시절 교육받아 오면서 절대적이라 여겼던 아일랜드의 종교가 정치적 공격을 받는 모습을 보며 종교에 대한 신뢰도에 금이 가도록 한다. 이 사건은 스티븐으로 하여금 신앙심에 의심의 그늘을 깊게 드리운다.

기독교 초창기의 개척자인 초대 그리스도교의 교부(敎父)였던 아우구스티누스는 "의심하라, 의심은 생존과 자기 표상의 긍정이다. 의심한다는 것은 진리로 향하는 의지가 있다는 뜻이다"면서 "밖으로 나가지 말라. 너 자신에게로 돌아오라. 인간의 내부야말로 진리가 머무는 집이다"고 강조하였다. 그러면서 "인간에게 없어서 안 될 것이 두 가지가 있는데, 하나는 양심이요 또 하나는 명성이다. 다시 말하면 양심은 개개인의 내적인 요구이고 명성은 이웃에 대해서 가져야 하는 필수물이다"고 설교한다.

프랑스의 철학자이자 수학자요, 물리학자인 르네 데카르트는 의심이 많은 사람이었다. 이전에 알고 있었던 모든 것을 뒤엎고 세상 만물에 대한 모든 것을 처음부터 다시 깨달아야 한다는 것이 그의 지론이다. 그는 모든 것을 '의심'해야 한다고 말한다. 진리에 도달하는 하나의 수단으로 '의심'이 필요하다는 뜻이다. 그는 이를 '방법적 회의(方法的懷疑)'라고 하였다.

데카르트는 계속되는 의심 끝에 결국 모든 의심을 떨치고 자신만의 참 진리에 이르는 방법을 찾아낸다. 모든 것을 의심하더라도 결코 의심할 수 없는 한 가지, 즉 '사고하는 존재로서의 자신'을 알게 된 것이다. '근대철학의 아버지'로 불린 데카르트는 어린 시절부터 몸이 약하여 폐렴으로 54세에 세상을 떠났다. 그가 말했던 명제 '나는 생각한다. 고로 존재한다'는, 라틴어로 '코기토 에르고 숨(Cogito ergo sum)'으로 사람들은 이를 '코기토 명제'로 부른다.

이만하면 스티븐이 종교에 대한 불신의 그림자를 깔고 있는 심중을 얼마쯤은 헤아려 봄직도 하다. 하느님과 종교가 무엇보다도 우선이라고 여기는 등장인물 단티의 말에서 알 수 있듯이, 지나친 가톨릭교의 제도적 힘은 조국의 독립을 위한 영웅 파넬의 정치적 노력보다는 그의 사생활에 대한 평가를 강조한다. 가톨릭 세력들은 파넬이 이단 행위를 한 부도덕적 인물이라 비난하며 정치에 대한 종교의 우위를 역설한다.

이에 반하여 스티븐의 아버지와 케이시는 오히려 성직자들이 파넬의 애국적인 업적은 무시한 채 그를 파멸로 내몰았다고 가톨릭 교회를 비난한다. 어른들의 논쟁을 통해 노출되는 종교와 정치의 이데올로기적 갈등으로 스티븐의 영혼은 충성심과 반란, 그리고 종교의 고통스러운 분열 양상을 경험한다. 종교에 대한 극단적인 관념들 사이의 충돌을 목격하는 스티븐에게 종교와 정치는 모두 부정적인 의미로 다가오게 된다.

인간은 이성으로 사유하고 자유의지에 따라 행동한다. 동물은 본능적 충동으로만 살아간다. 본능은 자연이 동물에게 부여한 생명의 지혜이다. 인간은 본능만으로는 살아갈 수 없다. 본능에 의한 적응에는 한계가 있다. 그 한계를 뛰어넘어야 한다. 인간은 이성이 있기 때문에 문화를 창조하고 사회를 형성하고 역사를 건설한다. 지금 우리의 스티븐은 그러한 대열에 동참하고 있다. 우리 독자들은 가만히 지켜볼 일이다.

가톨릭교와 정치

1829년 영국 정부는 가톨릭교에 대한 차별을 철폐하는 정책을 펼친다. 이것이 바로 '가톨릭교도 해방령'이다. 가톨릭교도 해방령은 영국 종교개혁 이후 가톨릭교도들을 반역자로 몰고 그들이 직업상 경찰이나 의사가 되는 것을 금지하는 불이익을 해소시키는 계기가 되었다. 또한 가톨릭교도 해방령은 아일랜드 가톨릭교 교회의 지배계층으로 하여금 시민국가의 많은 의무들을 효율적으로 인계받도록 함으로써 아일랜드의 문화적 · 경제적, 그리고 정치적 삶에 있어서 엄청난 힘을 지닐 수 있도록 하였다.

그 와중에 정치와 종교의 가치관 문제로 혼란스러운

가정의 모습에 회의적이었던 스티븐은 자신이 처한 상황이 '자신의 무익한 고립상태'임을 직시하게 된다. 그렇지 않아도 스티븐은 파넬 사건을 통해서 성직자들의 위선적인 모습과 가톨릭교의 기세등등한 권위를 느끼고 있던 참이었다. 그러기에 스티븐은 아일랜드 국민들이 분별없이 가톨릭교와 성직자들의 세력에 고스란히 굴복하는 저자세에 크게 실망한 나머지 아일랜드의 가톨릭교에 반감을 가지고 시나브로 비판하게 된다.

사실 그 당시에서 이미 300년 전인 중세 유럽은 가톨릭교회의 시대였다. 가톨릭교회는 성당 건설과 포교를 위하여 많은 돈이 필요하게 되자 면죄부를 만들어 팔았다. 일종의 장사요, 암암리에 상거래를 한 셈이었다. 독일 성직자 마르틴 루터는 1517년 10월 가톨릭교회가 진리는 외면하고 세속의 권력과 부, 부정부패에 물들어 있다며 '95개조 논제'를 발표하였다. 신성불가침으로 여겨지던 가톨릭교회와 교황의 권위에 대한 도전이었다.

루터 추종세력이 갈수록 확산되자 교황 레오 10세는 1521년 1월 3일 루터를 파문(破門) 처분하였다. 이 사건이 종교개혁을 불러와 가톨릭교회에서 개신교(프로테스탄트)를 탄생시키는 계기가 되었다. 한편으로는 르네상스와 함께 중세를 마감하고 근대를 여는 전환점이기도 하였다.

개인 스스로가 자기 자신과 관계를 맺고 자기를 변화시키기 위해서 가톨릭교는 일련의 행위 지침과 규율을 부과하여 종교적 고행을 자처한다. 예수회 학교는 예수회에서 경영하는 학교로, 높은 수준의 교육을 시키고 이러한 교육을 통해서 학생들을 가톨릭교도로 성장하게끔 훈련시키는 것을 목적으로 하게 된다. '가장 전제적인 세력'인 예수회 학교는 가톨릭교의 규율을 교육이라는 명목 아래 학생들에게 자연스럽게 주입시키고 그들의 행동을 세밀하게 규제하기에 이른다. 이러니 우리의 스티븐은 점점 왜소해지고 정신력이 지쳐가는 것이었다.

2013년 3월 12일 새 교황을 선출하는 추기경단 비밀투표회의인 '콘클라베'가 시작되어 시스티나 성당 굴뚝에서 흰 연기가 나고 제266대 교황으로 선출된 프란치스코 새 교황은 예수회 교회 출신이다. 교황명을 중세 이탈리아 아시시의 성인(聖人) 이름을 따서 '프란치스코'라고 했는데, 프란치스코는 부유한 상인의 아들로 태어나 20대 초반까지 방탕한 생활을 하였다. 이후 전쟁 포로와 투병생활을 계기로 가난한 사람들과 소외된 이웃을 위하여 살며 청빈을 실천하였다. 그의 '평화의 기도'는 "주여, 나를 평화의 도구로 써 주소서./ 미움이 있는 곳에 사랑을/ 다툼이 있는 곳에 용서를…"로 시작된다.

로마 교황은 예수 12사도의 우두머리인 갈릴리 어부 시몬 베드로에서 시작하여 현 프란치스코 교황에 이르기까지 모두 266명으로, 전세계 11억명 가톨릭 신자들의 영적 지도자로서 존경을 받아왔다. 교황을 뽑는 비밀투표 '콘클라베'는 전세계 80세 미만 추기경들이 모여 3분의2가 찬성해야 교황이 선출되며, '콘클라베'는 라틴어로 '열쇠를 잠그다'라는 뜻이다.

중세 기독교는 신과 인간, 선악의 구분이 뚜렷하였다. 6세기 교황 그레고리 1세는 정욕 · 탐식 · 탐욕 · 나태 · 분노 · 시기 · 교만을 7대 죄악으로 거론하였다. 단테는 «신곡» 지옥편에서 7대 죄악을 저지른 사람은 결코 천국에 올라가지 못한다고 그렸다. 그런데 «젊은 예술가의 초상»에 등장하는 몇몇 신부들은 우리의 주인공 스티븐에게 정신적 피해를 주고 있다. 진짜 교황은 지하실에 감금되어 있고, 가짜가 교황 행세를 한다는 상상에서 출발한 앙드레 지드의 «교황청의 지하실»이라는 소설도 있듯이.

1981년 5월 13일 바티칸시티의 성베드로 광장에서 교황 요한 바오로 2세가 저격범 아그자로부터 총탄을 받고 제멜리 병원에 입원해 있을 때 그는 "고난은 하느님의 구원을 받자면 불가피한 것이다. 나는 내가 아그자의 저격을 받고 고난을 당하게 된 것을 기쁘게 생각한다. 나는 이미 그를 용서했다"고 강론을 펼쳤다.

삶의 부조리와 씨름하였던 프랑스의 작가 알베르 카뮈는 신의 존재를 믿지 않았다. 소설 «이방인»에서 사형 선고를 받은 주인공 뫼르소는 자신을 다독이려는 신부의 멱살을 잡아 흔든다. 그의 또 다른 소설 «페스트»에 나오는 주인공은 전염병에 걸린 어린아이를 보면서 신부에게 항의한다. "저 애는 아무 죄없이 죽어간다. 신은 없다"라고.

카뮈는 1957년 노벨문학상을 받으며 "작가는 '진실에 대한 섬김과 자유에 대한 섬김'이라는 짐을 지고 있다"고 밝혔다. 실존주의의 대명사였던 카뮈는 1960년 교통사고로 정말 부조리하게 불과 마흔일곱 살에 세상을 떴다. 동시대의 사르트르와 함께 신의 존재와 합리주의를 믿지 않고 인간의 삶이 부조리하다는 데에 의견을 같이 하였다. 우리의 스티븐도 가끔씩 신부의 멱살을 잡고 대들고 싶었을 것이다.

예수회를 주제로 한 영화 «미션»은 엔니오 모리코네의 주제음악 '넬라판타지아'가 퍽 기억에 남는다. 배우 로버트 드니로와 제레미 아이언스의 연기력이 돋보인 이 영화는 1870년대 스페인과 포르투갈의 식민지 지배를 받던 라틴 아메리카 아르헨티나 부근 과라니족 원주민들을 대상으로 선교 활동을 펼치는 예수회 신부들의 감명 깊은 생활이 전체를 압도한다. 폭포 위로 무거운 짐을 둘러메고 절벽을 기어오르는 고통을 감내한 로드리고 신부와 총알을 맞으면서도 교회의 상징물을 들고 걸어가는 가브리엘 신부, 예수회가 살아남기 위하여 교회의 권위에 복종하기를 강요하지만 그들 신부는 이를 과감히 반대하고 목숨을 바친다.

인간의 두 얼굴

러시아의 소설가 도스토예프스키는 인간 심리의 내면에 깃들인 병적이고 모순된 세계를 밀도 있게 해부하여 현대소설에 막대한 영향을 끼쳤는데, "신과 악마가 싸우고 있다. 그런데 그 싸우는 장소가 인간의 마음이다"라고 인간의 모순을 풍자하였다.

"인간은 생각하는 갈대"라는 유명한 말을 남긴 프랑스의 사상가 파스칼은 한술 더 떠 "인간은 신과 악마 사이를 떠돌아다닌다. 인간은 천사도 아닌 반면에 야수도 아니다. 그러나 불행하게도 인간은 천사처럼 행동하려고 욕심을 내지만 야수처럼 행동해 버리고 만다"라고 하였다. 인간의 마음속에 도사린 두 개의 얼굴을 한 개로 접목시킬 방책은 과연 없을까?

파스칼이 쓴 «팡세»를 일관하는 사상은 신 없이 살아가는 인간의 비참과, 신을 갖고 살아가는 인간의 행복을 밝히는 데에 있다. 인간의 위대성과 비참성의 이중적 모순을 예리하게 파헤친 «팡세»에서 우리는 생생한 실존적 인간학을 배운다.

영국의 소설가 스티븐슨의 작품 «지킬박사와 하이드씨»에서 명망 있는 의사 지킬 박사는 인간 심리의 저변에 도사리고 있는 선악의 이중성을 약품으로 분리할 수 있다고 믿고, 그러한 약을 만들어 스스로 복용한다. 그 결과 지킬 박사는 추악한 악인 '하이드씨'로 변모한다. 그는 지팡이로 사람을 때려죽이고 고민한 나머지 자살한다.

«지킬 박사와 하이드씨»는 인간의 이중성을 다룬 것으로 유명하다. 낮에는 천사 같고 밤에는 악마와 같은 인간, 대체로 인간들은 «지킬 박사와 하이드씨»의 경우처럼 한 몸에 그러한 두 사람을 거느리고 다닌다. 그것이 모든 비극의 원천이 된다. 2000년 7월 30일 EBS방송에서 방영된 영화 «파멸의 늪»이 바로 이 소설을 대변하고 있다.

파스칼의 말을 한 번 더 인용해 보자.

"인간이란 어떤 괴물이냐? 얼마나 신기한가. 얼마나 괴이한가. 얼마나 혼돈이요, 얼마나 모순이요, 경이인가. 만물의 심판자이면서 지구의 어리석은 벌레, 진리의 수탁자(受託者)이면서 불확실과 오류의 덩어리, 우주의 영광이자 쓰레기….그러므로 오만한 인간이여, 너는 네 자신에 대해서 얼마나 역설인가를 알아라. 무능한 이성이여, 겸손하여라. 어리석은 본성이여, 침묵하여라. 인간은 무한히 인간을 초월한다는 것을 알아라. 그리고 너희들이 모르고 있는 자기의 진실한 상태를 너의 주에게서 배워라. 신의 말씀을 들어라."

그래서인지는 몰라도 오스트리아의 신경과 의사요, 정신분석학의 창시자였던 프로이트는, 인간은 공격적이고 성적(性的)인 충동이 밑바탕에 근본적으로 도사리고 있다고 보는 견해를 가지고 있었다. 그래서 프로이트는 인간성을 악으로 보는 전통적인 생각을 받아들였다. 인간은 근본적으로 반사회적인 존재이며 사회는 그를 교화해야 하는데, 또 일면 동물적인 충동에 대해 만족도 주어야 한다고 피력하였다.

여기에서 전체주의를 비판하는 영국 작가 조지 오웰

의 «1984년»을 들먹이지 않을 수 없다. 절대 권력자인 '빅브라더'가 개개인을 스물네시간 감시하는 숨막히는 도래(到來)를 경고하고 있다. 사람들이 사용하는 단어의 숫자를 줄여 비판적 생각을 표현할 수 있는 자체를 미리 막아 버리자는 이야기도 나온다. 모든 인간이 구성분자일 뿐 개성을 잃어버리는 관료주의 사회의 참담한 미래를 그리고 있다.

옛 소련의 소설가 솔제니친의 작품 «수용소 군도»나 «이반 데니소비치의 하루» 등도 스탈린주의 · 소비에트 정책에 비판적이면서 개성이 없는 개인들을 이야기하고 있다. 정작 솔제니친은 1974년 소련당국에 의하여 국외로 강제 추방된 뒤 미국에서 영주권을 획득하여 생활하였다.

스티븐이 자기와의 관계를 맺는 장면을 작품 중에서 한번 보자.

– 그는 옷을 벗고 무릎을 꿇어앉아 기도를 드리며 가스등이 낮아지기 전에 잠자리에 들어야 했다. 그가 죽을 때 지옥으로 가지 않도록 하기 위해서였다. 그는 자신의 스타킹을 돌돌 말아 벗어버리고 잠옷으로 빠르게 갈아입었다. 침

대 옆에 떨면서 무릎을 꿇고 앉아 가스등이 낮아질 것을 걱정하며 빠르게 기도문을 외웠다. –

스티븐은 아픈 몸이지만 곧바로 잠자리에 들지 않는다. 예수회 학교는 엄격한 규율을 체제화하여 학생들에게 그것을 따르게 함으로써 그들의 몸가짐과 정신을 지도할 뿐만 아니라 자율적인 내적 반성을 이끈다. 어느 누구도 스티븐에게 기도를 강요하지 않지만 그는 가톨릭교의 교리와 지침을 잊지 않고 '지옥에 떨어지지 않기 위하여' 무릎까지 꿇고 공손히 기도를 드린다. 이 장면에서 스티븐이 스스로 행하는 내재화된 종교적 규율의 실천이 자신과의 관계를 맺는 종교적 고행임을 알 수 있다.

스티븐이 가톨릭교의 계율에 따라 스스로를 돌보는 데서 보았듯이 규율은 하나의 권력 형태이고 또한 권력 행사의 방식으로 작동한다. 세밀한 감시의 시선으로 개별적인 존재를 관찰하는 규율 권력을 상징적으로 나타내는 것이 바로 '일망감시 시설'이다.

인생의 목적은 '최대 다수의 최대 행복'의 실현에 있다고 하는 공리주의(功利主義)를 주장한 영국의 철학자

벤담의 손에서 설계된 이 감시 시설은 규율 사회의 작동 원리의 핵심적인 사항을 잘 보여준다. 감금자들은 스스로가 중앙탑의 시선에 항시 노출되어 있다고 믿게 만드는 공간적 구조 속에 있다. 그러므로 외부적인 강제 없이도 감금된 사람들로 하여금 자발적으로 순종적인 인간이 되고자 노력하게 만든다.

일망감시 시설이 작동하는 대목은 등장인물 중의 돌란 신부가 학생들을 엄격히 통제하고 감시하는 장면에서 드러난다. 스티븐은 우연히 학교 운동장에서 자전거 선수와 부딪혀 쓰러지면서 자신이 쓰고 있던 안경을 깨뜨린다. 글자들이 가는 실처럼 보일 정도로 시력이 나쁜 스티븐에게 아놀 신부는 작문 시간에 글쓰는 것을 면제시켜 준다.

그러나 교실을 지나던 돌란 신부는 아놀 신부에게 스티븐이 왜 다른 학생들처럼 글쓰기를 하지 않고 있는지 물어 본다. 아놀 신부가 안경이 깨져 면제해 주었다고 대답하였지만 돌란 신부는 스티븐에게 "게으름이나 피우는 녀석"이라고 말하면서 스티븐의 행동이 속임수라 여기고 체벌을 가한다. 이렇듯 돌란 신부는 일망감시를 하고 있었던 것이다.

규격화된 교육

게으름을 피우고 매 맞기를 원하는 학생들이 있는지 알아보기 위하여 "매일같이 너희들을 살피러 올 것이다"라는 돌란 신부의 말은 학생들 개개인의 마음속에 각인되어 이미 하나의 언어적 규율로서 작동한다. 이러한 규율은 학생들이 게으름을 피울 수 없도록 그들의 행동을 규제하는 권력으로서 일망감시 시설로 활용된다. 따라서 돌란 신부가 학생들에게 행사하는 권력의 양상은 개인의 신체에 훈육 기능을 미세하게 새겨 놓고 끊임없이 스스로 작동하도록 한다.

정녕 강력한 권위를 가지고 습관적으로 감시를 하겠다는 돌란 신부의 선언은 학생들 입장에서 확인할 수는 없지만 감시의 효과는 지닐 수 있다. 학생들은 자신들이 항시 신부의 감시를 받고 있다는 사실을 기억하고 있기 때문이다. 그러니까 돌란 신부의 언어 속에 내재된 권력은 매를 들고 직접적으로 체벌을 가하지 않더라도 학생들은 늘 감시의 시선을 느끼며 언제나 감시받는 사람으로서 행동할 것이다. 학생들은 존재를 알고 깨달으면서도 실제로는 확인이 불가능한 일망감시 시설의 특성을 지닌 권력 아래에 존재하게 된다.

1990년 아카데미 각본상, 영국 아카데미 최우수작품상 음악상을 수상한 영화 «죽은 시인의 사회»를 보면 전통과 명예, 규율을 최고의 교훈으로 하는 엘리트 교육의 산실인 웰튼 아카데미에 키팅 선생이 부임한다. 학생들은 개성을 중시하는 키팅 선생의 교육에 자극을 받아 비밀 클럽 '죽은 시인의 사회'를 만든다. 그러나 어느 날 연극을 좋아하는 학생 닐이 의학을 전공하라는 부모의 강요 때문에 자살하는 사건이 발생한다.

결국 학교를 떠나게 된 키팅 선생은 수업을 하면서 '권위'를 상징하는 책상 위에 구두를 신은 채 올라가 "나는 세상을 다른 각도에서 보기 위해 책상 위에 올라섰다"고 외친다. 키팅 선생은 학생들에게 오래된 관습과 모순, 고정관념에 저항하는 힘을 키워 주었다. 학생들의 열정과 재능의 불꽃이 마구 타오르도록 부추겼다. 마침내 키팅 선생이 마지막 수업을 마치고 교실을 나설 때 학생들은 모두 일어나 책상 위에 올라서서 선생을 배웅한다. 감동적인 라스트 신이었다.

이와는 달리 «젊은 예술가의 초상»에서는 신체 활동을 통제하고 복종하도록 하는 규율은 신체에 대한 보다 전반적인 감시를 위하여 일람표와 집단적 훈육·연습, 그리고 총괄적이고 상세한 감시의 방침을 마련한다. 그리하여 순종적이고 훈련된 신체를 만들고자 하는 것이다. 우선 규율이 공간적 편성에 따라 개인을 분할하는 방법이 있다. 감옥이나 학교처럼 집단이 어울리는 공간에는 개인에게 주어진 자리가 존재하게 된다.

스티븐이 생활하는 학교의 공간도 규율에 의하여 분해 상태로 존재한다. 학교는 학생들을 연령에 따라 13세 미만은 하급반, 15세까지는 중급반, 18세까지는 상급반으로 분류시킨다. 나이를 따져 상급반에서 하급반으로 나누어 배치하는 것에서 알 수 있듯이 학교의 규율 공간은 서열을 중심으로 나뉘어 있다.

스티븐이 학교에서 덧셈을 배우던 시간에 아놀 신부

가 학생들을 요크 편과 랭카스터 편으로 나누어 어려운 문제를 풀도록 하는 장면과, 선생님이 성적에 따라 수석과 차석, 그리고 3등에게 주는 아름다운 색깔의 카드에서 볼 수 있듯이 연령 외에도 학습의 난이도에 대한 이해력의 좋고 나쁨이나 교실에서 그룹으로 나누는 것도 서열을 통해서 정해진다.

이러한 서열은 학생의 성적이나 품행에 따라 변할 수 있다. 서열을 중심으로 공간이 편성되면 각자의 자리가 정해지게 된다. 이로써 개인에 대한 통제와 다른 학생 전체와의 학습이 동시에 가능해진다. 이러한 방법으로 교사는 여러 항목이 들어 있는 일람표처럼 교실을 한꺼번에 감시할 수 있게 되는 것이다. 따라서 일람표대로 편성되고 감시받는 스티븐은 규율된 신체로 구성되는 것이다.

스티븐이 경험하는 설교와 고해성사 등의 장치를 통해서 자신들의 이데올로기를 신도들에게 주입하는 가톨릭교의 의례들은 또 다른 권력으로 움직인다. 이러한 일면은 피정(避靜) 기간 동안 설교를 듣게 되는 스티븐의 경험에서 명백하게 드러난다. 피정이란 '건전한 수행'이며 진정한 가톨릭 교인으로서 삶을 살고자 하는 일종의 교회 의식이다. 천주교의 용어인 피정은 피세정념(避世靜念)의 줄임말로, '세상의 번잡함을 떠나 고요하게 마음을 지킨다'는 뜻이다. 불교에서는 '템플스테이'가 있다.

오랜 항해를 마치고 이타카로 돌아온 오디세우스처럼 가톨릭교의 학생들도 고난과 격랑의 항해를 겪은 자만이 얻을 수 있는 성숙과 지혜를 안고 학교에서 걸어 나와야 한다. 하지만 스티븐은 학교생활에서 그런 성숙과 지혜를 느낄 수가 없었다.

아놀 신부가 행하는 설교는 인간이 태어난 의무를 강조하는 것으로 시작된다. 가톨릭교의 의무, 즉 하느님의 거룩한 뜻을 행하고 불멸의 영혼을 구하는 것 외에는 비참한 세상에서는 아무것도 영혼의 상실을 보상해 줄 수 없는 무가치한 것으로 여기는 신부의 메시지는 학생들에게 가톨릭교적 윤리를 주입시킨다. 아놀 신부의 설교를 한번 들어보자.

"나의 사랑스러운 소년들아. 우리는 오직 한 가지 것을 위해 이 세상으로 보내졌음을 유념하세요. 오직 한 가지, 그것은 하느님의 신성한 뜻을 행하고 우리의 불멸의 영혼을 구하는 것입니다. 그 밖의 것들은 무가치한 것입니다. 한 가지만이 필요하다면 그것은 우리의 영혼을 구원하는 것입니다."

가톨릭교 윤리에 의하면 구원을 받기 위하여 신체적 · 정신적으로 절대적인 종교의 권력에 복종해야 한다. 그 권력이 아무리 불합리한 명령일지라도 철저하게 따라야만 하고 복종하는 정도만큼 구원을 받을 수 있다고 생각하는 것이다. 그러면서 무조건적인 복종을 강요하는 가톨릭교의 교리는 이것에 따르지 않으면 지옥에 가게 될 것이라는 위협적인 공포심을 유발시킨다.

이리하여 우리의 스티븐은 고민이 더욱 깊어진다. 어떤 것을 올바로 판단하기 위해서는 그것을 사랑한 후 얼마쯤 떨어져 있을 필요가 있다. 그것은 국가에 대해서도, 종교에 대해서도, 인간에 대해서도, 그리고 자기 자신에 대해서도 그러한 것이다. 하지만 스티븐에게는 그런 정신적 자유가 주어지지 않는다. 일망감시의 안테나가 주위를 병풍처럼 둘러싸고 있기 때문이다.

깨어있는 자들의 힘

여기에서 보듯 권력 추구는 역사를 돌이켜볼 때 인간의 본성 중 하나이다. 그러나 권력만 지향한다면 인간의 또 다른 본성인 사랑이나 배려의 추구 등 조화를 위한 덕목들은 버려둔 채 이성 없는 동물로 전락하여 버리고 말 것이다.

조지 오웰의 «동물농장»에서 동물들이 목장주 존스를 내쫓고 제정한 7계명의 마지막 조항이 '모든 동물은 평등하다'이다. 독재자 돼지 나폴레옹은 이를 '모든 동물은 평등하다. 어떤 동물은 다른 동물보다 더욱 평등하다'로 바꾼다. 동물의 세상조차 불평등한데, 인간 세상이야 더 말하여 무엇하겠는가.

비단 종교의 세계에서뿐만 아니라 일반 사회생활에서도 둘 이상의 세력이 존재하고 가시적이든 비가시적이든 권력 투쟁이 진행된다. 권력을 더 가진 쪽은 돌란 신부나 아놀 신부처럼 그 힘을 과시하고 싶어한다. 왜냐하면 그렇게 하는 과정에서 눈덩이가 굴릴수록 커지듯 권력을 더욱 공고히 할 수 있기 때문이다. 그 권력은 상대방이 바른말을 하거나 자신의 권위를 위협하는 구성원이 나타나면 가차 없이 제거하려고 한다.

아놀 신부는 피정 기간을 전환점으로 하여 비참한 죄악에 빠진 학생들이 진정으로 회개하기를 바라면서 그리스도인의 삶을 위한 첫 토대를 세우는 계기가 되도록 학생들에게 독려한다. 또한 그는 '죽음 · 심판 · 지옥 및 천국'이라는 네 가지 종말만을 생각하도록 강요한다.

이렇게 네 가지 종말을 기억하는 사람만이 훌륭한 인생을 살게 되고 보상받을 것이라는 설교는 스티븐으로 하여금 교회의 교리가 사람을 감금하는 미로가 아닐지 의심하도록 만든다. 스티븐은 설교로 인하여 자신도 모르게 스스로 영적인 감옥 속에 감금되는 것이다.

도스토예프스키의 작품 «카라마조프의 형제들»에 나오는 조시마 장로의 설교는 이와는 다르다.

"형제들이여, 인간의 죄를 두려워 말라. 죄가 있는 자일지라도 사랑하도록 하라. 그것은 이 지상에 있어서의 최고의 사랑이기 때문이다. 또한 모든 하느님의 창조물을 그 전체와 그 하나하나의 부분을 사랑하라. 하나의 잎사귀, 한 줄기의 햇살까지도 사랑하도록 하라. 동물을 사랑하고 식물을 사랑하고 모든 사물을 사랑하라. 만약 그대가 모든 사물을 사랑한다면 그때는 그 사물 속에서 하느님의 신비를 발견하게 될 것이다. 일단 그것을 발견하면 그 후부터는 하루하루 더욱 깊이, 더욱 많은 것을 인식하게 될 것이다. 그리고 이윽고는 모든 것을 감싸주는 우주적인 애정으로서 전세계를 사랑하게 될 것이다."

"그대들은 전체를 위해 일하고 미래를 위해 노력하라. 그러나 결코 보수를 바라지는 말라. 억지로 바라지 않더라도 그대들에게 이미 이 세상에서 위대한 보수가 주어지고 있다. 올바른 사람만이 지닐 수 있는 마음의 즐거움이 그것이다. 높은 지위에 있는 사람이나 권세 있는 자를 두려워 말고 항상 슬기롭고 성실하게 행동하라. 모든 일에 있어 그 한도와 때를 알라. 특히 이것을 배워 익히도록 하라."

스티븐이 설교를 하는 신부를 직접 선택할 수 없었던

게 어쩌면 불행의 출발점이기도 하였을 것이다. 돌란 신부나 아놀 신부가 아닌 조시마 장로였다면 스티븐의 행로는 십중팔구 확 달라졌을 테니까. 어쩌면 스티븐은 그런 환경 속에서 내심으로는 종교적 신앙보다 예술가의 이상향을 더욱 부풀게 하고 있었는지도 모른다.

영국의 저명한 사법관인 토마스 모어는 그의 저서 «유토피아»를 통하여 현실에 존재하지 않는 이상향을 내세워 당시 영국의 비참하고 비인간적인 현실을 고발하였다. 영화 «천일의 앤»에서도 밝혔듯이 당시 헨리 8세는 첫 부인 캐더린이 아들을 낳지 못하자 그녀와 이혼하고 앤 볼린과 결혼하려 하였다. 그런데 교황이 이혼을 허락하지 않자 헨리 8세는 영국 국교회를 설립하고 자신이 수장이 된다.

독실한 가톨릭 신자였던 모어는 국교회의 설립에 반대하였고, 그 일로 밉게 보여 끝내 사형에 처해진다. 그래서 영국 속담에 "지옥에 이르는 길은 수많은 선의(善意)로 포장되어 있다"고 꼬집었다. 대단히 선한 이상과 이념으로 시작하였는데, 하다 보니 엉뚱하게 정반대로 고통을 초래하는 경우를 일컫는 말이다.

모어의 일생을 주제로 한 영화 «사계절의 사나이»도

있다. 신앙심이 깊고 공과 사를 분명하게 가리는 모어는 추기경과 사이가 안 좋았다. 추기경 보좌관 크롬웰의 모함으로 함정에 빠뜨려진 모어는 신념을 지키기 위하여 어떤 회유에도 굴복하지 않은 채 사직을 하고 감옥살이를 하다가 사형을 당한다. 그는 죽음 앞에서도 당당하였다. 자신에게 허물이 없다는 것을 알기 때문이었다. 그는 형장에서 이렇게 말하였다.

"반역죄를 지은 것은 나이지, 나의 수염이 아니다. 집행하면서 나의 수염이 조금이라도 다친다면 그것은 위법이다."

스티븐이 바라는 것은 바로 모어처럼 자신의 종교적 신념을 위하여 죽음마저 초연하게 받아들이는 자세를 견지하는 것이었는데 그때의 가톨릭교는 그러한 환경을 만들어 주지 못하였다. 독일 사회가 물신숭배에 물들어 가던 나치 시대의 광기(狂氣)를 고발한 풍자의 '북소리'가 울린 귄터 그라스의 «양철북»에서 주인공인 오스카가 끊임없이 북을 둥둥 두드리는 것도, 시민 하나하나가 깨어 있지 않으면 모두 파시스트 권력의 노예로 전락하고 만다는 것을 말하려는 것이었지만 스티븐은 아직 북을 칠 힘을 길러내지 못하였다.

«양철북»은 20세기 초반과 중반의 파행적인 독일 역사를 오스카라는 알레고리 수법의 독특한 인물로 형상화시킨 작품이다. 1959년 출간과 동시에 그 비상하고 강력한 언어 구사와 암시적인 이미지, 그리고 반어와 역설, 풍자로 가득한 서사적인 표현 기법으로 열광적인 인기를 끌었다. 하지만 다른 한편으로는 신성모독과 외설적이라는 이유로 교회의 격렬한 거부감을 불러일어키기도 하였다.

1998년 노벨문학상을 수상한 포르투갈의 국민작가 주제 사라마구의 소설 «눈먼 자들의 도시»는, '깨어 있는 시민의 조직된 힘'이야말로 파시스트 권력에 대항할 수 있는 유일한 길임을 전한다. 모든 시민의 눈이 멀고 말았으나 단 한 사람만은 깨어 있었고, 그 한 사람이 눈먼 사람들을 인도하여 이들과 함께 눈먼 폭력집단에 저항함으로써 사회 전체가 다시 깨어나는 과정을 그린 작품이다. 하지만 우리의 스티븐은 좀 더 기다려 주어야 한다. 앙드레 지드가 "악마의 협력 없이는 예술작품이란 있을 수 없다"고 딱 잘라 말하였듯이 스티븐은 이제 눈뜨는 발아(發芽)의 과정에 서 있으니까 독자들은 참을성 있게 기다리고 있으면 실망시키지 않을 것이다.

욕망의 에스컬레이터

지금까지 아놀 신부의 설교는 가톨릭교 교회가 '처벌 · 공포 · 자기 고행'의 권력자로서 종교임을 드러낸다. 스티븐에게 있어서 설교는 자신의 잘못에 대한 공포심을 유발시키는 도구이다. 성욕을 억압하는 질서에 토대를 두고 있는 교회의 권력은 설교를 통하여 자신의 은밀한 격정을 참지 못하고 창녀와 관계를 맺은 스티븐에게 부부간의 성(性)만을 인정하는 가톨릭교의 윤리에 배반되는 행동을 하였다는 죄책감을 느끼게 만든다.

설교를 들은 후 스티븐이 느끼는 죄악감은 가톨릭교가 인간에게 자기 반성적이고 성경의 해석에 따르는 행동을 하도록 교육하는 데서 비롯된다. 이처럼 가톨릭교에서 행해지는 '설교'라는 종교의식은 수행자나 가톨릭 교인들로 하여금 항상 자신들의 내면 상태를 스스로 살피고 신앙의 목표를 성찰하는 기회를 부여함으로써 가톨릭교적 진리와 관련하여 자신을 자각하도록 한다.

가톨릭교적 사목(司牧)의 권력은 개인의 물질적 욕구와 죄, 자기 영혼의 상태 등을 반성하도록 규율한다. 이러한 반성을 가능하도록 하는 것이 바로 '자기인식'이다. 자기인식이란 자기 자신에 대해서 잘 알고 있는지에 대하여 스스로 묻는 것이다. 일종의 자문자답(自問自答)이다. 자기인식의 행위는 자기 자신이 누구인지, 자신의 내면에서 일어나는 일이 무엇인지 물은 다음에 자신의 과실을 인정하고 유혹을 인식하며 욕망을 확인하는 행위이다.

"너 자신을 알라"는 말은 그리스 델포이 신전의 신탁에 쓰인 경구였다. 이 신전에서 고대 그리스 사람들은 전쟁의 승패나 중요한 일에 대한 신의 계시를 받았다. 자기 자신을 안다는 것은 쉬운 일이 아니다. 거기에는 늘 자기 합리화와 자신을 변호하는 정당성이 따른다. 그러다가 때로는 자기를 인식하는 일이 역설적이게도 자기포기로 나타나는 수가 있다.

가톨릭교는 자기포기를 구원의 조건으로 전제한다. 자신이 행한 선과 악을 평가하고 영혼의 상태를 반성하도록 하는 가톨릭교적 기술은 자신의 죄를 털어놓게 만든다. 정기적으로 죄를 고하는 고백을 통해서 구원을 얻게 되는 것이다.

아놀 신부의 설교는 '사실의 인지'에 따라 스스로의 죄악을 공개하였던 스티븐의 내면에 직접적으로 해석까지 곁들여 진리를 매기는 역할을 한다. 이는 스티븐의 내면 깊은 곳에서 자신의 영혼이 파멸을 갈망한다는 점을 일깨우고 극악무도한 것들을 실현해 보려는 야만적인 욕망을 확인하도록 하며, 이러한 내면의 욕망으로 생겨난 오만과 의구심은 하느님께 거짓된 기도를 올린다고 해서 속죄될 수 없음을 깨닫게 한다. 욕정이 소진된 이후 스티븐이 느끼는 갈등은 자신이 지옥에 떨어질 죄를 여러 번 범했다는 사실을 인지하는 것이며, 이러한 스티븐의 각성은 일종의 냉철한 자기인식의 행위였다.

스티븐은 성서의 계율을 따르지 않았던 지난날의 행동과 자신이 저지른 죄를 지금껏 성실히 반성하지 않았다는 사실을 뉘우친다. 하느님의 분노는 스티븐이 지은 추악하고 은밀한 죄를 노리고 있었으며 설교자의 강론은 그의 영혼이 죄 속에서 곪아가고 있음을 느끼게 한다. 이렇듯 교회의 강력한 권력 장치 중 하나인 설교는 스티븐을 비롯한 여러 신도들에게 죄의식을 불러일으킨다.

아놀 신부의 지옥에 관한 설교는 스티븐에게 정신적인 마비상태에 이르도록 한다. 피정 이후 홀로 있을 때도 스티븐은 신 앞에서 자신의 모든 죄를 말하고 자신의 마음을 관찰하며 스스로의 죄를 회개하여 용서받으리라 마음먹는다. 자신의 영혼만을 마주 대하고, 자신의 마음 상태를 검토하고, 자신의 죄에 정면으로 맞서 그것을 저지른 시간과 방법과 환경을 상기해 보고 그 죄에 대하여 눈물을 흘리며 뉘우치고자 하였던 것이다. 이로써 자신의 죄로 인하여 준비된 지옥을 경험한 스티븐은 "고백해야 한다"고 결심하게 된다.

고해소의 미닫이문이 열리고 절대 복종의 대상인 늙은 신부가 나타나자 스티븐은 가쁜 숨을 내쉬며 고백을 한다.

> – 그의 죄가 그의 입술로부터 하나하나씩 흘러내렸다. 하나의 상처나 하나의 더러운 악덕의 개울처럼 곪아터지고 줄줄 흘러나오며 그의 영혼에서 수치스러운 방울이 되어 흘러내렸다. 마지막 죄악까지 외부로 느릿느릿하면서도 불

결하게 새어나왔다. 더 이상 말할 것이 없었다. 그는 압도 당하여 머리를 숙였다. –

스티븐은 그의 삶을 수정할 수 있는 적절한 고해성사를 통해 외적이고 육체적인 확신을 찾으려 하였다. 자신의 죄를 발견하고 구원을 받기 위하여 행하는 고백의 기술은 다른 차원의 현실에 다가가기 위하여 자기 자신을 포기해야 하는 것이다. 고백의 방식은 '사실의 인지'처럼 여러 사람이 모인 앞에서 자신의 상태를 시각적으로 연출하는 것이 아니라 가톨릭교 스승에게 자신의 생활 모든 부분을 복종시킴으로써 자신의 의지와 자기를 포기하는 셈이 된다.

등나무나 칡넝쿨은 자기 혼자서는 자립을 못하고 큰 나무를 의지해서 둘둘 휘감고 올라가는 성질을 가지고 있다. 지금 스티븐이 꼭 그런 환경에 처한 모습이다. 무엇에 매달리고 싶은 마음, 물에 빠진 사람이 지푸라기라도 잡고 싶은 심정인 것이다. 프랑스 화가 고갱의 1897년 작품 중 «우리는 어디서 왔고, 우리는 누구이며, 우리는 어디로 가는가?»라는 그림이 있다. 인간은 '나는 누구인가'를 끊임없이 물으며 성장하게 된다. 스티븐도 지금 '나는 누구인가'를 물으며 성장하고 있다.

스승은 욕망과 행위의 죄를 참회와 금욕에 의하여 사해 주는 역할을 한다. 이러한 과정이 곧 구원이다. 성직자에게 자신의 죄를 알리는 고백의 절차는 고백하는 이들에게 구원을 위한 길이 된다. 자기를 점검하고 고백하면서 악한 욕망을 제거하는 기독교적 고행을 통하여 구원받는 존재로서 자기를 형성하는 것이다.

스티븐은 자신의 내면 깊숙이 존재하는 어두운 욕망에 대한 인식을 바깥으로 끄집어내 모든 죄악을 고백한다. 이로써 그는 자신의 죄를 반성하고 속죄하며, 자기포기를 통하여 신에게 전적인 의존을 확인함과 동시에 영원으로 향하는 가톨릭교적 진리를 자신에게 갖다 붙인다.

고백은 많은 경험과 지혜를 지닌, 고백을 들어주는 사람이 참회자의 상태를 파악하고 유익한 충고를 제공하여 주기 때문에 해결사 역할을 한다. 고해소의 신부는 죄를 고백하는 스티븐에게 "그 외에 또 있느냐?"라고 집요하게 묻는다. 그리하여 스티븐은 종교적으로 억압된 성에 반하는 자신의 일탈적인 성적 쾌락의 경험을 낱낱이 고백한다.

냄비 속의 개구리

더 이상 고백할 것이 없게 된 스티븐에게 신부는 다시는 그러한 죄를 짓지 말도록 당부하며 용서와 축복을 빈다. 그러나 신부가 전하는 용서와 축복의 말들은 앞에서 말했던 고백의 해석학적 역할을 충분히 하지 못하고 있다. 신부가 스티븐에게 전하는 말들은 가톨릭교의 표준화된 충고일 뿐이며 스티븐을 완전하게 구원하지는 못한다. 그저 손가락 사이로 흘러내리는 모래알과 같은 것이었다. 또한 가톨릭교의 편협한 종교적 가치관을 스티븐에게 주입하고 복종을 강요하는 이러한 방식은 가톨릭교의 권력과 체제를 지속하기 위한 종교의 권위적인 모습이라는 것을 알 수 있다.

독일의 정신분석학자 에리히 프롬은 그의 저서 «자유로부터의 도피»에서 "권력에의 갈망은 강한 힘에서가 아니라 도리어 약성에 근거하고 있다. 그것은 자아로서는 홀로 살아갈 수가 없다는 것을 표시하고 있으며, 또한 진정한 힘이 결여되고 있을 경우에는 제2차적인 힘을 얻고자 하는 절망적인 시도이기도 하다"라고 갈파하였다.

그러면서 프롬은 "부자(父子)간에도 나눌 수 없는 것이 권력"이라 하였고, 철학자 니체도 권력에 대한 인간의 의지를 "생물이 존재하는 모든 곳에 권력에 대한 욕구가 있다"고 묘사하였다.

그러니까 가톨릭교의 권력, 신부의 권력이라고 하는 것은 어디까지나 눈에 보이지 않는 힘의 작용에서 오는 것이다. 훌륭한 검술가는 칼을 칼집에서 빼지 않고도 상대방을 굴복시키듯이 진정 가톨릭교의 권력이나 신부의 권위적인 모습은 스티븐의 시각에서 일종의 착시현상을 일으키는 것과 같다고 볼 수 있다. 그러한 의미에서 스티븐이 지나치게 권력이나 권위를 의식할 필요가 없는데도 아직 여린 마음에 그것들은 화살을 쏘고 있는 것이다.

앞에서 언급하였듯이 종교개혁은 독일의 신학자 마르틴 루터가 '95개조 반박문'을 통하여 교회의 부정부패를 비난한 것을 계기로 시작되었다. 온 유럽이 기존의 가톨릭을 지지하는 구교파와 새로운 교리를 지지하는 신교 세력으로 분열되었다.

영국도 예외는 아니었지만 프랑스는 종교적 대립에다 대귀족들 간의 권력 다툼, 자치를 중시하는 지방과 권력 집중을 추구하는 중앙과의 갈등이 심해져 가장 심각한 상황이었다. 피비린내 나는 유혈 분쟁이 계속되자 그것을 해결해 보려고 양쪽 진영의 지도자들이 묘안을 내놓은 것이 '정략결혼' 방책이었다. 신교도의 리더 격인 왕족 앙리와 구교도에서는 당시 프랑스 왕 샤를 9세의 여동생인 마르그리트 드발루아가 노트르담 대성당에서 억지로 결혼식을 올렸다. 그러나 구교도파가 신교도파의 하객들을 몰살하는 바람에 종교전쟁이 전역으로 확대되었다.

프랑스는 국민 대다수가 가톨릭을 믿는 구교 국가였다. 신교의 앙리 4세가 마침내 왕위에 오른 뒤 종교의 평화를 위하여 신앙을 포기하고 백성이 된 옛 원수들을 용서하였으며 낭트칙령(1598년 프랑스 왕 앙리 4세가 낭트에서 발표한 칙령. 칼뱅파 프로테스탄트인 위그노 교도에 대하여 신앙의 자유를 보장하고 가톨릭교도와 동등한 정치적 권리를 인정한 것)으로 40년 만에 평화를 되찾았다.

종교개혁은 여성들의 참여도 대단하였다. 오는 2017년 종교개혁 500주년을 앞두고 여성 종교개혁자들을 재조명한 보고서 «여성과 종교개혁»이 출간되었다. 16세기 가톨릭 성직자들의 부패와 교황청의 전횡에 맞서 유럽을 휩쓴 종교개혁의 물결 속에서 탄생한 개신교. 하지만 여성 종교개혁자들은 루터, 츠빙글리, 칼뱅 등 주류 종교개혁자들의 그늘 아래 잊혀 있었다.

보고서에 소개되는 이야기는 1527년, 덴마크 · 스웨덴 · 노르웨이의 왕 프레데릭 1세의 외동딸 엘리자베스는 루터교회 목사가 집전하는 성만찬에 참여해 엄청난 파문을 일으켰다. 남편인 브란덴부르크 선제후(選帝侯 · 황제 선출권을 가진 제후) 요아킴 1세는 마인츠 가톨릭 추기경의 친동생이자 격렬한 종교개혁 반대자였다.

엘리자베스는 공개적 회심을 통하여 남편에게 맞섰고, 남편의 재산을 분할받아 종교개혁자들을 지원했을 뿐만 아니라 아들들을 통하여 결국 브란덴부르크 지역에 루터파 개혁교회 신앙을 공식화시켰다. 그 외 '루터교회의 교모(教母)'로 불리는 마르틴 루터의 아내 카타리나 폰 보라 루터 등 여성들의 이야기를 들려준다. 이처럼 종교 개혁은 남녀 구분 없이 참여하여 이루어졌다.

지금으로부터 약 4000년 전, 자그마한 무리를 이끌고 중동지방을 떠돌던 아브라함은 나이 팔십이 넘도록 후사가 없었다. 그의 부인 사라는 궁여지책으로 몸종이었던 하갈로 하여금 남편의 씨를 받게 하였다. 그 후 아브라함은 86세에 이집트 여인 하갈의 몸에서 아들을 얻게 되었고, 그 이름을 이스마엘이라 하였다. 그로부터 14년 후 100세가 되던 해에 아브라함은 사라에서 아들 이삭을 얻었다. 이렇게 되자 아브라함의 서장자(庶長子) 이스마엘과 그 어머니 하갈이 무리에서 쫓겨났다. 예수는 아브라함의 적자(嫡子) 이삭의 자손이고, 이슬람의 창시자 무함마드는 이스마엘의 후예이다. 오늘도 기독교와 이슬람교의 종교 전쟁은 발발하고 있다.

새뮤얼 헌팅턴이 1997년 «문명의 충돌»에서 "세계사는 국가 간의 대립과 이데올로기 사이의 대립을 마치고 이제 문명 간의 대립에 들어섰다"고 갈파하였지만 어떻게 보면 오늘날 세계는 '종교의 충돌'로 인류 문명의 그

늘이 짙어지고 있음을 목도하고 있다.

우리나라 헌법 20조 2항은 '국교(國教)는 인정하지 않으며 종교와 정치는 분리된다'고 명시하고 있다. 정치가 종교를 끌어들이면 나라가 분열되고, 종교가 정치에 발을 들여놓으면 종교가 그 본질을 잃게 되기 때문이다.

자. 다시 스티븐을 만나보자.

즉, 스티븐이 행하는 고백의 행위는 결국 절대적인 신에 그냥 딸려 있는 한 개인으로서의 행위인 것이었다. 수치심을 느끼며 '그의 입술로부터 죄를 하나씩 말하는' 고백의 장면에서 스티븐의 저항 의지를 찾아볼 수 없다. 오히려 그는 다시는 "사악한 죄를 짓지 않겠다"고 약속하며 스스로를 복종하는 주체로 규정짓는다. 스티븐은 고백을 한 이후에 신부에게 사죄를 받고 참회의 기도를 올리며 신의 은혜에 감사하고 영혼의 행복을 느낀다.

– 그는 어두운 교회 본당의 한쪽 구석에서 무릎을 꿇고 그의 죄를 속죄하며 기도하였다. 그렇게 하자 흰 장미의 마음에서 솟아나는 향기처럼 그의 정화된 마음으로부터 그의 기도가 천국으로 올라갔다. 진흙길을 걷는 것이 즐거웠다. 그는 집을 향해 성큼성큼 걸으면서 하느님의 보이지 않는 은총이 스며들고 그의 팔다리를 가볍게 만들어주는 것을

의식하였다. 그는 고백하였고 하느님은 그를 용서해 주었다. 그의 영혼은 다시 한번 맑고 성스러워졌으며 경건하고 행복하였다. –

요즘 우리나라 언론에 '냄비 속의 개구리'라는 말이 많이 인용되고 있다. 특히 경제 부문에서 그렇다. 끓고 있는 물에 개구리를 넣으면 개구리는 뜨거움을 알고 곧장 뛰쳐나온다. 그런데 미지근한 물에 넣고 서서히 물을 데우면 개구리는 물이 끓어 넘쳐도 꼼짝하지 않고 앉아 있다가 죽게 된다. 스티븐이 꼭 냄비 속의 개구리처럼 종교의 덫에 걸려 꼼짝 못하고 있는 모양이다.

파시즘이 세계를 위협하였던 히틀러의 나치 독일 당시에도 사람들은 처음에는 히틀러에 대한 진실을 인정하려 들지 않았다. 냄비 속의 개구리처럼 서서히 뜨거워지는 바닥을 느끼지 못하고 있었다. 프랑스의 '드레퓌스 사건' 때도 비슷한 양상이었다. "진실은 전진하고 있다. 누구도 멈추지 못한다"는 취지로 세계인의 가슴을 요동치게 하였던 프랑스 소설가 에밀 졸라의 «나는 고발한다»가 나오기 전까지 당대인들은 불편한 진실을 애써 외면하였다. 냄비 속의 개구리처럼.

드레퓌스 사건은 19세기 말기에서 20세기 초기에 걸쳐 프랑스에서 정치적으로 큰 물의를 일으킨 재판사건을 말한다. 1894년 군 법정이 유태인 드레퓌스에게 독일의 간첩 혐의로 종신형을 내린 것을 둘러싸고 군의 부정을 탄핵하는 작가 졸라 등의 인권 옹호파 · 공화파와 군부 · 우익이 심하게 대립하여 제3공화제는 일시적으로 위기에 빠졌다. 드레퓌스는 1906년 무죄를 선고받고 풀려났다.

고해성사 이후 자신의 죄를 용서받은 스티븐은 더 이상 죄를 짓지 않고 경건하게 신의 섭리를 받아들이고 종교의 세계에 매진하리라 마음먹는다. 그는 교회가 지배하는 규율적인 영혼의 삶을 살기 위하여 노력한다. 그러한 까닭은 자기의 또 다른 별개의 차원에 다가가기 위해서 현실의 일부분을 포기해야 하기 때문이다.

푸코는 세속적인 삶과 거리를 두고 어느 정도 자기의 권리나 자격뿐만 아니라 자기 자신과 현실을 포기하려는 행위는 가톨릭교적 수행생활의 특이성을 드러낸다고 한다. 고해성사와 참회의 기도를 올린 스티븐은 정화된 그의 마음으로 하느님의 은혜를 입으며 인내의 삶을 사는 것이 아름다우리라 여긴다. 그는 자신만의 신앙생활을 편성하고 세속적인 희락(喜樂)의 욕구를 등지고 경건한 삶을 위한 자신만의 행동규칙을 정하고 이에 따르고자 한다.

스티븐은 매일 이른 미사에 참석하고 자신의 일과를 신앙생활에 맞추어 편성한다. 그의 영혼은 미사·기도·영성체나 고행과 같은 신앙생활의 짐을 스스로 짊어지며 충실하게 복종의 의무를 다함으로써 육욕을 극복한다. 한편으로는 철저한 자기통제로 이루어진 시각·청각·후각·미각·촉각의 지속적인 고행을 통하여 자신의 신체를 단련시켜 나간다. 가톨릭교는 일련의 행동조건과 개별적인 법칙을 개인에게 부과하는 행위에 대하여 자기 변혁을 시도하기 위한 것이라 여긴다.

제2부

비상하는 한 마리의 새

"사람들은 얼마나 고결하게 사느냐에 관심을 가지지 않고
얼마나 오래 살 것인가 만을 염려한다.
고결하게 사는 것은 사람의 능력 안에 있으며,
오래 사는 것은 사람의 능력 안에 있지도 않은데 말이다."

– 로마의 철학자 세네카 –

신앙생활의 집

스티븐이 자기 변혁을 꾀함으로써 그의 주체는 점점 더 가톨릭교 교리에 일치하여 간다. 스티븐의 영혼은 미사와 기도, 그리고 영성체와 고행이라는 신앙생활의 짐을 스스로 짊어진다. 그는 항상 묵주를 지니고 다니면서 길을 걸어가면서도 묵주신공을 외울 준비를 하고, 하찮은 기도를 그만두는 일이 없이 죄 많은 과거를 속죄하려고 애쓴다. 수행생활 혹은 자기의 연마 활동은 자기에 대한 반성의 의미를 지닌다. 따라서 스티븐은 자발적으로 수행 활동을 하면서 스스로에 대한 반성을 하고 자기의 잘못을 인정하며 가톨릭교의 예속적인 주체로 거듭난다.

가톨릭 교인의 삶에서 금욕생활은 피할 수 없는 것이다. 금욕의 실천은 외부 세계와 자기와의 관계 안에서 자기의 독립을 이루고 증명하는 것이라고 할 수 있다. 자기의 독립은 자기를 위한 실천이라기보다는 신앙의 실천으로 이루어진다. 스티븐은 금욕적인 생활을 통하여 과거에 지은 죄를 지우고 경건한 삶을 살아가기 위하여 노력하지만 때로는 사소한 일로 일어나는 자기의 감정이 분노를 폭발시키는 충동으로 변하는 것을 감지하기도 한다.

스티븐은 종교의 세계에 몰입함으로써 자신이 행하는 선한 행동이 지금까지의 죄악을 속죄할 것이라 믿는다. 그러나 그는 종교에 몰입하면서도 마음 한편으로는 세속적인 유혹의 물결에 영혼이 흔들리기도 한다. 스티븐은 기도와 고행의 종교적 삶과 세속적 삶 사이에서 갈등하고 불안한 모습을 보이면서도 종교세계에 더욱 몰입하려고 애를 쓴다. 기도란 침묵의 가슴에서 우러나오는 감사이며 존재하는 모든 것에 대한 깊은 사랑이 아니던가.

스티븐은 의심과 망설임을 느끼면서도 자신의 죄를 고백하며 신앙의 힘으로 자신의 생활을 개선해 나간다.

"나는 내 삶을 개선했다. 그렇지 않은가?"라고 스스로에게 자문하는 장면에서 알 수 있는 사실은, 스티븐의 주체가 가톨릭교 권력에 의하여 통제되고 조절되는 '길들여진 몸'으로 변화되고 있음을 의미한다. 이제 스티븐의 몸은 미세한 권력의 대상으로서 '관찰 · 규범적 판단 · 검사'라는 규율적 권력 기법이 만들어낸 실재이기도 하다. 그는 자유롭고 능동적인 의미를 생산하는 주체라기보다 권력과 지식이 연계해서 만들어낸 담론적 실천의 산물인 것이다.

스티븐은 신앙을 통하여 진정한 내면적 안정을 얻을 수 있는지 의문을 지니고 있으나 여전히 외적으로는 모범적인 신앙생활을 지속하고 있다. 교회가 바라는 순종적인 육체를 지닌 스티븐에게 교장 선생님은 사제직을 권유하면서 야심찬 가톨릭교 권력을 목격하도록 타이른다. 그는 스티븐에게 사제직이 하느님이 인간에게 부여하는 '최대의 명예'이고 죄악으로부터 구속시키거나 해방되게 하는 힘을 지닌 대단한 권력임을 은연중에 강조한다.

스티븐은 은밀한 지식과 권세를 제공하면서 가까이 오라고 명하는 교장의 목소리를 뚜렷하게 듣는다. 그 제도적 권위가 가진 권력을 생각할 때 몰락한 자신의 가정환경을 고려한다면 교장의 권유는 매우 유혹적인 것이었다. 교장의 제안은 스티븐이 종교로부터 영원한 내면적 지배를 받으며 사는 성직자, 즉 고백과 연관된 절대적 복종에의 권리를 지닌 가톨릭교의 스승이 되어라는 것이다.

스티븐은 사제직이라는 '엄숙하고 열정 없는 삶'을 선택하는 일에 대하여 신중한 태도를 보이며 고민한다. 이 부분은 «젊은 예술가의 초상»에서 가장 중심된 전환점이자 복합적인 면모를 보여주고 있다. 스티븐이 가톨릭교적 진리를 스스로에게 부과하고 따르는 것처럼 보였으나 절대 복종의 대상인 교장이 그에게 절대 권력자가 될 것을 권유하자 자기 존재의 모든 곳에서 동시에 불안감이 솟아올라 그 자신을 괴롭히기 시작함을 느낀다.

스티븐은 사제직을 택하여 권력에 순종하는 삶을 살 것인지, 아니면 자신이 내면에서 추구해 온 본능적인 삶과 마주할 것인지 선택의 기로에 선 것이다. 그러나 그에게 이미 성소(聖召)의 부름을 받으러 온 장소에서부터 교장과 그 주변의 모습들은 죽음의 이미지로 다가온다.

– 창가에 서 있는 교장은 그의 등을 불빛 쪽으로 등지고 갈색 십자 블라인드에 팔꿈치를 기대고 있었다. 그가 말하고 미소 지으며 또 다른 블라인드의 줄을 천천히 달랑거리며 흔들거나 동그랗게 올가미 모양으로 만들고 있었다. 스티븐은 교장 선생님 앞에 서서 지붕 위로 넘어가는 긴 여름의 햇살이 저무는 광경이나 교장의 손가락이 천천히 능숙하게 움직이는 것을 한동안 유심히 지켜보고 있었다. 교장의 얼굴은 완전히 그늘져 있었지만 그의 등 뒤로부터 저물고 있는 햇살이 움푹 파인 관자놀이와 머리의 곡선을 비추고 있었다. –

불빛을 등지고 서 있는 교장의 움푹 파인 관자놀이와 머리의 곡선은 스티븐에게 죽음과 어둠의 이미지로 다가온다. 또한 교장이 무의식 중에 손가락으로 만들어 내는 '올가미' 형상은 부정적인 사제의 삶이 스티븐을 옭아맬 것임을 나타낸다. 그러나 스티븐은 마음속으로 자신이 빈번히 권세를 휘두르는 모습을 상상해 왔기에 '은밀한 지식과 권세'를 누릴 수 있다는 교장의 호소는 매우 유혹적인 제안처럼 들린다. 하지만 "한번 성직자가 되면 영원히 성직자로 남아야 한다"는 교장의 말은 스티븐이 심사숙고하도록 만든다.

교장을 뒤로하고 계단을 내려가는 동안 스티븐은 엄숙하고 질서정연하며 물질적 걱정이 없는 성직이라는 종교적 권력의 유혹에 혼란스러운 자기 성찰을 하게 된다. 스티븐은 자신의 내부를 들여다봄으로써 자신의 마음속에 존재하는 성직에 대한 선택과 이를 둘러싼 적대적이고 강력한 본능 사이의 갈등을 깨닫는다.

교장은 물론이려니와 주변의 침체된 이미지와 연관된 종류의 삶은 그에게 정신의 자유를 위협하는 것이었지만 스티븐은 현실적인 선택에 있어서는 더할 나위없는 안정적인 성직의 권세와 자유로운 예술가가 되는 것 중 어느 쪽이 더욱 자율적이고 적극적인 선택인지를 고민한다. 마침내 그는 권위를 가진 하나의 진리를 수용하는 객관화의 강요에서 벗어날 것을 결심한다. 그러니까 스티븐은 '예수회 소속 신부 스티븐 디덜러스'가 되기를 거부한다. 그 거절의 명분은 교회는 하나의 질서일 수는 있으나 그것은 또한 감각적인 삶을 사절하는 것을 뜻하기 때문이다.

지금까지 살펴보았듯이 여러 형태의 훈육 기술과 권력들은 스티븐을 특정한 주체로 형성시킨다. 정교하게 구축된 가르침의 테크닉과 고백의 메커니즘은 스티븐이 일정한 담론 질서의 테두리에서 벗어나지 않도록 행동하게끔 만들었다. 스티븐을 둘러싼 권력들은 매우 미세하고 은밀한 방식으로 작동하며, 그들의 도덕규범을 스티븐이 내면화하여 스스로를 통제하도록 멍석을 깔아 놓는다. 이러한 과정은 스티븐을 종속적 주체로 길러낸다.

스티븐은 자신의 행동과 사고를 통제하는 도덕 원칙을 지닌 주체이다. 하지만 이러한 도덕 원칙을 스티븐이 직접 만들어내는 것이 아닌 '외부로부터 만들어져 강제된 것' 이므로 스티븐의 주체는 종속적인 모습을 보여주었다. 그러나 권력에 휩싸여 사제직이라는 가톨릭의 자기포기적인 윤리와 예속적 주체가 되기를 강요받던 스티븐은 기도와 금욕과 같은 종교적 고행을 감행하였지만 여전히 그의 의식 속에 드러나는 죄의식 · 회의감, 그리고 육체적 유혹들은 스티븐을 사제의 길이 아닌 강한 본능적 삶으로 이끈다.

본능적인 삶을 선택한 스티븐은 더 이상 종속적이고 복종하는 주체가 아니다. 그는 자신을 에워싸고 있는 권력과의 작용관계에서 고대 그리스 · 로마시대에 널리 일반적으로 행해졌던 자기배려의 실천을 통한 도덕규범을 스스로 만들어 나가는 새로운 주체로의 변모를 보여준다.

푸코가 말하는 능동적 주체는 어떤 외부적인 원칙이나 가치에 기준을 두지 않고 스스로의 도덕규범을 세우고 실천해 나가는 '윤리적 주체'이다. 이제 종속적인 주체의 모습에서 벗어나 스티븐이 그리스·로마적 윤리를 달성하고자 행하는 실천들과 그의 변모하는 새로운 주체 양상이 어떻게 펼쳐지는지에 대해 살펴볼 것이다.

성직자적 고뇌

'스티븐 디덜러스'라는 이름의 조합은 «젊은 예술가의 초상» 작품 전체를 통하여 나타나는 가톨릭교적 요소들과 그리스·로마신화에 나오는 요소들의 대립구도를 상징하고 있다. 작품 전체를 보면 스티븐은 현실 속에서 불리게 된 '스티븐'이라는 이름으로부터 타고난 운명으로서의 '디덜러스'라는 부름으로 이행하게 된다. 가톨릭교적 윤리는 타율적 순수성을 위하여 자기 자신과 자기포기적 관계를 맺으며 실천을 통하여 영혼의 정화를 이루고자 한다. 그와 반대로 그리스·로마신화에 나오는 윤리는 자율적 자기통제를 위하여 자기 자신과 자기배려적 관계를 맺으며 자기를 형성시키는 훈련으로 존재의 미학을 이루고자 한다.

앞에서 보았듯이 스티븐은 가톨릭교의 윤리 안에서 자기변모를 위한 여러 가지 기술을 모두 경험한다. 그는 피정 기간 동안 회심할 것을 결심하고 고해성사를 실천하여 종교적 권위에 따라 스스로를 정화하고 신에 대한 전적인 의존의 상태를 확인한다. 그리고 매일 종교적 고행을 실천함과 동시에 늘 자신의 내면에 은폐된 악한 동기를 분석하게 된다.

그러나 그 이후 스티븐은 교장이 제시한 교권의 유혹이 스스로의 자유를 위협하자 그는 '주체를 주체 자신으로부터 벗어나게 하는' 가톨릭교 권력에 대하여 냉담함을 느낀다. 스티븐의 마음속에서 잠시나마 갈등이 일어나지만 그가 어릴 때부터 경험하고 보아왔던 침울한 가면의 인상을 지닌 예수회 학교와 경직된 신부들의 모습은 그로 하여금 '엄숙하고 질서정연한 삶'이 제공하는 안락함을 맛보게 하지 못한다. 오히려 장마철의 칙칙한 벽지에서 뿜어져 나오는 습한 공기를 맡는 기분이 들게 한다.

스티븐은 교장의 성직 제안을 거절하고 자신의 내면에서 스멀스멀 깨어나는 본능을 따르리라 다짐한다. 그것은 규격봉투 같은 프레임의 교육이나 물 위에 둥둥 떠다니는 기름방울 같은 신심보다도 더 강한 본능이었다. 자기애(自己愛)는 자기 자신을 돌보며 스스로에게 몰두하는 행위를 말한다. 구체적인 삶의 기술들을 통하여 자신을 변형시켜 나가는 자기수양의 과정인 것이다.

옛날 시대의 자기인식은 자기배려의 범위 내에서 그 의미를 지녔으나 가톨릭교가 그리스와 로마의 문화에 대한 신학적 해석을 점유하면서 육체보다 정신을 강조하였다. 이로 인하여 주체에 대한 자기배려는 경계해야 될 것으로 변모해 버렸다. 스스로의 회심과 헌신을 철회한 뒤에도 예전의 방탕함으로 돌아가지 않는 스티븐의 모습을 보면 그를 고해성사로 이끈 내적 고뇌의 원인이 종교적 불순함을 동반한 죄악이 아니었다는 점을 유추해 볼 수 있다.

신부들의 육체적 잘못은 문학작품 속에서도 종종 등장한다. 1850년에 발표된 미국 작가 호손의 «주홍글씨»는 17세기 중기, 청교도의 식민지 보스턴에서 일어난 유부녀의 간통사건을 다루었다. 인간성의 암흑면을 우의적(寓意的)·상징적으로 묘사하였다.

영국에서 태어난 헤스터는 노학자와 결혼하고 남편보

다 먼저 신대륙으로 이주하여 혼자 바느질하면서 살다가 딤즈데일 신부와의 사이에 사생아를 낳는다. 그 일로 재판받게 되어 그녀는 간음을 뜻하는 주홍글씨 'A(Adultery)'자를 평생토록 가슴에 달고 다니는 형벌을 받는다. 물론 딤즈데일 신부도 스스로 가슴에 'A'자 글자를 새기고 산다.

«주홍글씨» 이후 130년이 지나 오스트레일리아를 배경으로 한 콜린 매컬로의 소설 «가시나무새»가 1983년 미국 ABC TV에서 드라마로 방영되어 에미상을 수상하였다. «가시나무새» 역시 «주홍글씨»처럼 유부녀가 신부와의 불륜관계로 자식을 낳는다. 주인공 매기의 남편은 돈벌이에만 몰두하는 이기주의자이다. 매기는 그런 남편과 헤어져 고향으로 돌아와서는 랠프 신부와 사랑을 나눈다.

가시나무새는 가시에 찔린 채 죽어가며 노래를 부른다. 가시에 찔린 그 순간에도 죽음을 깨닫지 못하고 생명이 다하는 그 찰나까지 노래를 부르며 죽어간다. 그러나 인간은 가시에 찔리면 죽을 것을 알면서도 노래를 부르는 것이다. 가시나무새처럼 여전히.

성직자의 참회는 크리스트 교회의 고대 교부(古代教

父) 중의 최대 인물인 아우구스티누스만큼 감동적인 참회는 아마 없을 것이다. 고대 신(新) 플라톤주의 철학과 크리스트교를 결합하여 중세 사상계에 결정적 영향을 주었다. 이런 그에게 지대한 종교적 영향과 감화를 준 어머니 모니카야말로 참으로 모성(母性)의 전형이라고 할 수 있다. 아들을 위하여 그녀는 '눈물로 땅을 적셨던 것'이다. 어느 주교는 "이와 같은 '눈물의 아들'은 결코 타락하지 않으리라"고 말하기도 하였다.

방랑하는 아들을 뒤쫓아 그녀는 로마로, 또 밀라노로 달려갔다. 그녀는 아들에게 절대로 절망하지 않았으며, 그녀가 원한 대로 아우구스티누스는 회개하기에 이르렀다. 그러면 여기에서 잠시 성 아우구스티누스의 참회를 들어보자.

아우구스티우스의 참회록 "제 1권 어린시절"에서 "나는 공부를 좋아하지 않았고 공부를 강제로 시키는 것을 싫어했습니다. 나를 가르치는 선생님들은 나에게 강제로 배우게 하는 지식을 내가 어떻게 선용(善用)할 것인지에 대해서는 조금도 고려하지 않고 다만 나에게 욕된 명예와 궁핍한 부에 대한 탐욕스러운 욕구를 충족시켜 주는 지식만을 전달하는 데에만 급급했습니다…"

그리고 “제 2권 청년시절”의 초기에서는 “나는 마음과 마음으로 통하는 사랑의 원칙을 지키지 않고 육체의 허황된 정욕과 물거품 같은 젊음의 환각에 사로잡혀 어두운 안개 속에 휩싸이고 말았습니다. 그리하여 나는 청명한 사랑과 정욕의 안개를 구별하지 못했습니다.…나는 내팽개쳐지고 버려져서, 간음으로 정욕을 불태우고 있었지만 주님께서는 아무 말씀도 없으셨습니다.…”

그 후 아우구스티누스는 어머니의 진실된 사랑을 깨닫고 뉘우친다. 그리고 마침내 회개하고 하느님 앞에 섰다.

“나를 긍휼히 여기시는 나의 하느님이시여! 나는 나를 창조하시고 내가 당신을 잊어도 나를 저버리시지 않는 하느님을 애타게 찾습니다. 나는 내 영혼 속에서 당신의 이름을 부르며 애타게 찾고 있습니다. 당신의 뜻대로 내 마음속에 당신을 영접할 수 있도록 해주옵소서. 제발 나를 저버리지 마소서. 당신은 내가 하느님을 부르고 찾기 이전에 이미 나에게 다가와 여러 가지 진리의 말씀을 해주셨습니다. 나는 멀리서 귀를 기울이고 회개했으며, 당신은 나를 부르시는 당신을 애타게 찾도록 해주셨습니다.”

맛이 있는 빵도 건강하지 못할 때는 쓰고, 기분 좋게 비치는 햇빛도 병든 눈에는 싫증이 나는 법이다. 그 긴 방황을, 그 긴 시련을 어머니 모니카의 눈물 젖은 기도로 아들 아우구스티누스는 새 생명을 얻게 되었던 것이다. 북아프리카의 타가스테에서 출생하여 당시로서는 최고의 교육을 받은 그는, 로마제국 말기의 퇴폐한 풍조 속에서 일시적이나마 타락한 생활에 탐닉하기도 하였다. 그러나 그리스도 교도인 어머니의 정성에 감동하여 그리스도교에 귀의한다.

신과 영혼에 특히 관심을 가진 아우구스티누스는, 인간의 참된 행복은 신을 사랑하는 그 자체에 있으며 그 신은 우리 영혼에 내재하는 진리의 근원이라고 주장하였다. 이어 그는 신을 찾고자 한다면 굳이 외계로 눈을 돌리려 할 것이 아니라 스스로의 영혼 그 자체 속으로 통찰의 눈을 돌리면 된다고 역설하였다.

폴란드 출신인 막시밀리아노 마리아 콜베 신부는 1941년 아우슈비츠 감옥으로 끌려갔다. 그는 다른 수감자들과 똑같이 강제노동과 구타, 굶주림에 허덕였다. 그런 환경 속에서도 그는 동료들을 위로하고 고백성사를 받아주었다. 탈출을 시도한 동료들이 죽음을 선택받아야 할 때 콜베 신부는 자신이 대신 그 길을 가겠다고 나서 기도 하였다. 결국 그는 사형을 당하고 말았다. 교황 요한 바오로 2세는 1982년 콜베 신부를 성인(聖人)으로 선포하였다.

영국의 웨스트민스터 대성당 지하 묘지에 있는 어느 성공회 주교의 묘비에는 다음과 같은 글이 적혀 있다고 한다.

'이제 죽음을 맞기 위해 자리에 누워 나는 문득 깨닫는다. 만약 내가 나 자신을 먼저 변화시켰더라면 그것을 보고 가족이 변화되었을 것을, 또한 그것에 용기를 내어 내 나라를 더 좋은 곳으로 바꿀 수 있는 것을, 그리고 누가 아는가, 세상까지도 변화되었을는지?'

자기 자신의 발견

«젊은 예술가의 초상» 작품을 해석할 때 단순히 스티븐의 선택이 전통의 가톨릭교 교리와 성경 대신 예술이라는 세속적 교리와 종교를 선택한 것이라고 한다면 가톨릭교적 윤리와 도덕의 수용과 거부라는 파국적 제스처가 내용의 중심이 된다.

이 작품에서 어린 스티븐이 보여주는 면모는 예수회 기숙학교라는 타율적 자기인식의 환경과 잘 섞이지 않을 정도로 강력하게 나타나는 내향성, 곧 '자기 자신에의 관심'이다. 스티븐은 지리책의 여백에 자기 자신에 관한 이름과 소재지를 써 놓는다. '스티븐 디덜러스, 초급반, 클롱고우즈 우드 컬리지, 샐린스 마을, 킬데어 군,

아일랜드, 유럽, 세계, 우주' 등등. 자기 자신을 기준으로 점차 외부적 세계로 확장되는 이러한 글쓰기 행동이 의미하는 바는 스티븐의 내면에는 '내향성'의 면모가 다분하다는 것이다.

자기 개인은 의복이나 도구와 같은 소유물이 아니므로 영혼의 원리에서 발견될 수 있다. 따라서 자기 자신의 영혼에 관하여 마음을 쓰는 것이 자신을 배려하는 활동이고 자기에게 전념하는 행위인 것이다. 아울러 자신에게 전념하기 위한 방법으로 '글쓰기'는 자기배려의 주요한 특징 중의 하나이다.

스티븐은 지리책 여백에 써 놓은 자신의 이름을 읽어 보며 어디서 끝날지 모르는 광활한 우주 속에서 자신이 작고 약하다는 느낌을 받는다. 이처럼 스티븐이 행하는 '자기 자신에 관하여 몇 자 적는 일'은 스스로에게 전념하는 자기배려의 주요한 행위인 것이다.

고린도전서에서도 절망하지 않고 다시 일어서려는 스티븐의 행위에서 보는 것처럼 인간에게 희망을 안겨주는 말이 있다.

"우리의 외적 인간은 낡아지지만 내적 인간은 나날이 새로워지고 있습니다. 우리는 지금 잠시 동안 가벼운 고난을 겪고 있으나 그것은 한량없이 크고 영원한 영광을 우리에게 가져다줄 것입니다. 우리는 보이는 것에 눈길을 돌리지 않고 보이지 않는 것에 눈길을 돌립니다. 보이는 것은 잠시뿐이지만 보이지 않는 것은 영원하기 때문입니다."

신 앞에 서는 단독자(單獨者)로서 각자가 어떠한 생활 방식을 택해야 하는가 하는 문제를 추구하여 실존철학과 변증법 신학에 큰 영향을 준 키에르케고르는 그의 저서 《죽음에 이르는 병》에서 절망이 곧 죽음에 이르는 병이라고 지적하고 다음과 같이 절망의 속성에 대하여 명쾌한 답을 내렸다.

"완전히 건강한 사람이란 단 한 사람도 있을 수 없다고 의사가 말할 수 있듯이 만일 우리도 인간을 잘 알고 있으면 어떤 의미에서는 절망하고 있지 않은 사람은 한 사람도 없다고 말하지 않을 수 없을 것이다. 즉, 내면에 어떤 동요나 불화, 아니면 부조화와 불안을 느끼고 있지 않은 사람은 하나도 없다. 알 수 없는 그 무엇에 대한 불안, 알아볼 용기조차 낼 수 없는 그 무엇에 대한 불안, 그러한 불안을 지니지 않은 사람은 아무도 없다. 그 정신의 병은 때로 전광(電光)처럼 자신도 이해할 수 없는 어떤 불안 속에서, 또는 그 불안과 함께 나타나곤 한다."

지금 스티븐이 그렇다. '글쓰기'를 하는 과정에서 오는 미래에 대한 불안, 우주 속에 한 개의 '점'으로도 겨우 보일까말까한 자신의 존재에 대한 불안을 안고 책자 여백에다 무심코 이런저런 글을 몇 자 적어보는 것이다. 자신도 알 수 없는 미지의 세계에 들어가는 출입구 앞에서 느끼는 그 어떤 막연한 불안. 실제로 현대 우주인들이 내려다본 지구는 그지없이 연약한 존재였다.

인류 최초의 우주비행사였던 구 소련의 유리 가가린이 보스토크1호를 타고 1961년 4월12일 우주로 날아올랐다. 그의 일성(一聲)은 "지구는 푸르다"였으며 다시 덧붙인 말이 "하늘에 신은 없었다. 주변을 열심히 둘러보았지만 역시 신은 없었다"였다.

여기에 부채질을 한 사람은 영국의 저명한 천체물리학자 스티븐 호킹 박사이다. 그의 2010년 저서 «위대한 설계»에서 "신이 우주를 창조하지 않았다. 우주를 탄생시킨 '빅뱅(우주 대폭발)'은 신의 개입이 아니라 중력의 자연법칙에 의해 저절로 생긴 현상"이라고 주장하였다. 그러면서 "머지않아 신을 불필요한 것으로 만들 것이다"면서 우주의 생성과 비밀을 과학자들이 알아낸 자연 법칙만으로도 풀어낼 수 있다는 것이다.

이미 니체가 "신은 죽었다"고 선언한 바 있으나 진화학자 리처드 도킨스도 2006년에 «만들어진 신(神)»이라는 책을 출간하면서 종교의 해악을 조목조목 열거하며 인류사회에서 종교를 깨끗이 없애야 한다고 주장하였다. 그야말로 기독교에 일종의 '십자군 전쟁'을 선포한 것과 마찬가지였다.

여기에서 신의 존재 여부는 종교인과 과학자들의 논쟁거리로 놓아두자. 과학과 종교 사이에 갈등이 표면화된 것은 이탈리아 르네상스 말기의 과학자 갈릴레이가 "그래도 지구는 돈다"고 토로하였던 시절부터이다. 그때부터 지금까지 과학적 사실과 종교적 윤리는 많은 분야에서 대립각을 세워 왔다. 근대 자연과학의 시조(始祖)라고 일컬어지는 갈릴레이는 코페르니쿠스의 지동설을 인정하여 종교재판을 받았다.

옥돌도 잡석으로 무시해 버리면 보물이 되지 못하고 오동나무도 땔감으로 써 버리면 가야금으로 만들 수 없듯, 독자들은 우선 스티븐의 행적을 살펴보아 그를 보물이나 가야금으로 만들 필요가 있다.

제 1부에서 소개한 파스칼은 “인간에게는 두 종류밖에 없다. 하나는 자기를 죄인이라고 생각하고 있는 의로운 사람이며, 다른 하나는 자기를 의로운 사람이라고 생각하고 있는 죄인”이라고 보았다. 지금 우리의 스티븐은 그 의로운 사람과 죄인 두 사람의 중간에 서 있다. 쾌락을 버리고 미덕을 취하여 고난 끝에 영생을 얻는 ‘헤라클레스의 선택’도 있으니 좀 더 기다려 볼 일이다.

어느 날 헤라클레스는 헤라 여신의 저주로 광폭한 상태에서 아내와 세 아들을 죽이고 말았다. 사촌인 테세우스의 말을 듣고 미케네의 왕 에우리스테우스를 찾아가 죄를 씻는 12가지 일을 맡는다. 이것이 유명한 ‘헤라클레스의 12과업’이다.

‘뫼비우스의 띠’라는 것이 있다. 독일의 수학자 뫼비우스가 창안한 이론인데, 평면인 종이를 길쭉한 직사각형으로 오려서 그 양끝을 맞붙이면 안과 겉 양면이 있게 된다. 그러나 이것을 한 번 꼬아 양끝을 붙이면 안과 겉을 구별할 수 없는, 즉 한쪽 면만 갖는 곡면이 된다.

1976년 잡지 «문학과 지성»의 겨울호에 발표된 조세희의 소설 «난장이가 쏘아올린 작은 공»은 무허가 주택에서 사는 사람들과 철거반원 사이의 갈등을 묘사하고 있는데, 이 소설의 작가는 '뫼비우스의 띠' 이야기를 프롤로그에 매우 시사적으로 나타내고 있다.

"두 아이가 굴뚝 소제를 하고 나왔을 때, 깨끗한 얼굴과 더러운 얼굴 중 누가 세수를 하겠는가"라는 질문을 던진다. 스티븐은 굴뚝에서 나와 세수를 할 것인가, 안 할 것인가. 우리는 여기에서 기분 좋게 정답을 알아맞히자는 것이 아니다. 양립된 세계의 대결에서 눈에 보이는 평면만 직시하지 말고 그 평면 뒤에 얼굴을 감추고 있는 곡면도 바라볼 줄 아는 눈을 갖자는 것이다. 사람이 사람답게 살아야 할 꿈과 자유에의 열망을 죽이지 말자는 것이다.

자신과의 교감(交感)

이탈리아 르네상스기의 예술가 미켈란젤로는 조각·회화·건축의 여러 분야에 뛰어나 르네상스의 종합적 천재의 전형(典型)이다. 그가 이탈리아의 시스티나 성당 천장에 그린 '천지창조'의 한 부분인 '아담의 창조' 그림을 보면, 창조주 하느님이 아담에게 생명을 불어넣는 순간을 신의 검지와 아담의 검지가 맞닿은 것으로 표현하였다.

신과 인간이 검지로 만나는 이 유명한 장면은 영화 «이티(E.T.)»의 스티븐 스필버그 감독의 상상력을 자극하였다. 주인공 엘리엇의 검지와 외계인의 검지 끝이 맞닿은 명장면을 잊을 수 없을 것이다. 그러고 보니 우리의 주인공 스티븐과 스티븐 스필버그 감독의 이름이 공교롭게도 같다. 그들도 나중에 검지로 서로 소통의 길을 열지 모르겠다.

미켈란젤로는 스물네 살이던 1499년, 바티칸 성베드로 성당의 «피에타(Pietà · 비통, 연민, 자비를 베푸소서)»를 통하여 죽은 예수를 무릎 위에 누인 성모 마리아의 고통을 표현하였다. 금방이라도 아래로 떨어져 내릴 것 같은 죽은 아들의 몸뚱이가 성모 마리아의 무릎을 고통스럽게 짓누른다. 미켈란젤로는 평생 피에타 시리즈에 매달렸다. 그는 89세의 나이로 죽기 며칠 전까지, 선 채로 예수의 몸을 끌어올리는 성모 마리아를 조각하였다.

«피에타»가 처음 공개되었을 때 어떤 사람들은 중년의 마리아가 지나치게 젊고 아름답다며 조각가를 비난하였다. 이에 대하여 미켈란젤로는 "마리아의 순수한 영혼이 완벽한 육체를 영원히 지켜주었다"고 답하였다. 몸은 영혼을 담고 있는 그릇이므로 영혼이 아름답다면 몸 또한 아름다울 수밖에 없다는 것이 바로 미켈란젤로가 신봉하던 신(新)플라톤주의의 믿음이었다.

'신플라톤주의'라는 것은 로마 시대 그리스 철학의 한 파(派)이다. 플라톤 철학에 동방 유태 사상을 절충하여

성립된 것으로, 신비적 직관과 범신론적 일원론을 주장하였다. 후에 독일의 관념론에 영향을 주었다. 정신적인 사랑을 기리는 연애론도 유명하다. 플라톤은 초월적인 이데아(idea)를 참 실재(實在)로 하는 사고방식을 전개하였으며 철학자가 통치하는 '이상국가'의 사상도 유명하다. 피렌체에서 성장한 미켈란젤로는 메디치가(家)의 후원을 받아 학자들과 교류하며 신플라톤주의에 심취하여 있었던 것이다.

여기에서 자주 등장하는 '르네상스(Renaissance)'라는 말은 '다시 태어남'의 뜻으로, 14세기 말에서 16세기 초에 걸쳐 이탈리아에서 일어나 유럽에 퍼진 예술과 학문의 새로운 운동을 말한다. 르네상스 시기에 이탈리아의 명가였던 메디치 가문은 피렌체의 지배자로 13세기 말부터 동방무역과 금융업으로 번성하였으며, 특히 조각가 미켈란젤로와 이탈리아 화가 산드로 보티첼리를 후원하는 등 문인·예술가를 보호하고 이 도시를 르네상스의 중심지로 삼았다. 이 집안에서는 군주·교황 등이 배출되었다.

보티첼리의 유명한 작품 «비너스의 탄생»은 사랑과 아름다움의 여신 비너스가 커다란 조개를 타고 뭍에 도

착한 순간을 그렸다. 조개 속에서 탄생한 비너스가 부끄러운 듯 오른손으로 앞가슴을 가리고, 왼손으로는 긴 머리카락으로 신체의 중요한 부분을 감추고 있다. 조개는 가리비 모양으로 부챗살처럼 활짝 펼쳐져 있다.

«사람의 마음을 얻는 법» 350년 동안 세상을 지배한 메디치가(家)의 이야기를 엮은 책이 있다. 르네상스 시대를 열었던 메디치 가문의 철학을 동양식으로 요약하자면 '낮춤과 배려'이다. 우리에게도 낮춤과 배려를 실천한 '경주 최부잣집'이 있었다.

2012년 퓰리처상을 받은 «1417년, 근대의 탄생»에서 1417년 독일 남부의 풀다수도원에서 1000년 이상 잊혔던 라틴어 장편시 «사물의 본성에 관하여»를 찾아낸 이야기가 실려 있다. 기원 전 50년쯤 «사물의 본성에 관하여»를 쓴 고대 로마의 철학자요, 시인인 루크레티우스는 "물질에는 상하가 없으며 창조자도, 사후세계도 없다. 신을 화나게 할 수 있다든가 달랠 수 있다는 허튼 생각은 하지 마라. 신에 대한 희망과 불안이야말로 미신(迷信)이다"면서 "두려운 죽음에 맞서 높은 벽을 쌓으려 하지 말고 쾌락이라는 밭을 일궈라"고 가르쳤다. 쾌락이란 평정심, 마음의 평화이자 행복이었다.

보티첼리와 다빈치 등 르네상스의 화가를 비롯하여 마키아벨리와 몽테뉴, 갈릴레이 등 철학자와 과학자에게도 영향을 끼쳤다. 앞으로 우리의 스티븐에게도 그 영향이 슬며시 다가갈 것이다.

도종환 시인의 «흔들리며 피는 꽃»

'흔들리지 않고 피는 꽃이 어디 있으랴. 이 세상 그 어떤 아름다운 꽃들도 다 흔들리면서 피었나니, 흔들리면서 줄기를 곧게 세웠나니…'

그렇다. 현재 스티븐도 흔들리면서 피어나고 있다. 다시 말해 '홀로서기'를 하는 중이다. 그는 지금 '무소의 뿔처럼 혼자 가는' 모험을 하고 있는 것이다.

> '그물에 걸리지 않는 바람같이/ 욕망은 실로 그 빛깔이 곱고 감미로우나/ 이것은 내게는 재앙이고 종기이고/ 화이며 질병이며 화살이고 공포이니/ 모든 번뇌의 매듭을 끊어버리고/ 소리에 놀라지 않는 사자같이/ 그물에 걸리지 않는 바람같이/ 흙탕물에 젖지 않는 연꽃같이/ 무소의 뿔처럼 혼자 가라.'
>
> – 불교경전 '숫타니파타' 중에서 –

자기 자신에게 몰두하는 것을 진지하게 받아들이는

고대인들은 자아를 훈련시키는 자발적 행동 중 하나로 경청을 강조한다. 남의 말에 귀기울일 때 필요한 수단으로는 침묵이 우선적이어야 하고, 경청자는 건네진 말을 듣고 동요하지 않기 위하여 평온한 상태에서 상대방의 말을 주의 깊게 들어야 한다.

또한 귀담아들은 내용을 기억하여 그것을 자신의 내부에 깊이 새겨 자신에게 시선을 향하도록 함으로써 경청이 철학적 고행이기는 하지만 이를 통하여 참된 담론의 주체화를 실현하도록 해야 한다. 이와 같은 방식으로 자기 자신을 볼 수 있는 능력과 현실 속에서 자신을 정확하게 자각할 수 있게 된다.

스티븐은 학감과의 대화에서 무의식적으로 사용하고 있는 식민 주체의 언어인 '영어' 에 관한 자신의 내부에서 들려오는 소리에 경청하고 진실과 마주한다.

– 우리가 지금 대화하고 있는 이 언어도 내 것이기에 앞서서 우선 그의 것이다. '가정'이니 '그리스도'니 '맥주'니 '선생'이니 하는 영어 낱말들도 그의 입에서 나올 때와 나의 입에서 나올 때 서로 얼마나 다른가! 나는 이런 낱말들을 말하거나 쓸 때마다 으레 정신적 불안을 겪는다. 아주 친숙하면서도 이국적으로 들리는 그의 언어가 내게는 언제까지

나 후천적으로 익힌 언어로 남아 있을 것이다. 나는 그 낱말들을 만들어내지 않았고 받아들이지도 않았다. 내 목소리는 그 낱말들을 멀리 경계하고 있다. 그가 쓰는 언어의 그늘에서 내 영혼은 조바심한다. –

어떤 언어에 친밀하다는 사실은 감옥에 익숙한 것과 마찬가지라 여기는 스티븐은 학감이 사용하는 영국의 단어에 의문을 느끼면서 받아들이지 않았고 경계한다. 사소한 낱말 하나에도 경청하는 스티븐은 자신의 이성적 판단 아래 식민지 주체인 영국의 언어를 사용하는 학감을 '영국의 개종자'로 바라본다. 스티븐이 학감에게서 느끼는 뼈저린 절망은 외적으로 들려오는 식민지 언어를 귀담아듣고 자신의 내면에서 이러한 언어를 사용하는 것에 대한 자기인식적 판단과 결론인 것이다.

프랑스의 소설가 알퐁스 도데의 작품 «마지막 수업»은 보불전쟁 당시 프로이센에 점령된 프랑스 알자스 지방의 노교사가 감동적인 마지막 프랑스어 수업시간을 갖는 것을 주제로 삼았다. 주인공 노교사는 "한 나라의 말을 잃지 않는 한 그 나라는 산다"면서 학생들에게 절망하지 말 것을 강조하였다. 프로이센군의 나팔소리가 들려오자 그는 "프랑스 만세!"라고 쓰인 칠판에 기대선 채 학생들에게 모두 다 돌아가라고 창백한 얼굴로 목이 메 수업을 끝맺는 결말 부분이 눈시울을 적시게 한다. 모국어를 빼앗긴 피점령국 국민의 애국심을 한껏 고취시킨 작품이다.

괴테도 «빌헬름 마이스터의 수업시대»에서 "눈물로써 얻은 빵을 먹어보지 못한 사람, 고통에 찬 밤을 잠자리에서 울면서 새워보지 못한 사람은 인생이 무엇인지 모른다"고 갈파하였다. 우리나라도 모국어를 금지된 언어로 배우지 못하던 식민지 시대의 설움을 겪었지만 영국의 통치를 받던 아일랜드의 국민으로서 스티븐의 심정이 어떠했으리라는 것은 짐작이 가고도 남는다.

경청할 줄 알아야

스티븐이 학감이 사용하는 영국의 단어를 경청하는 장면에서 미카엘 엔데의 소설 «모모»가 오버랩된다. 주인공 모모는 매일 원형극장에 가서 자신의 이야기는 일절 하지 않으면서 오로지 다른 사람들의 이야기만 들어준다. 마음속으로는 "씨앗처럼 기다리는 거야. 움이 돋아나기까지 땅속에 묻혀 잠자는 씨앗처럼"이라는 혼잣말을 되뇌면서.

«모모»에 등장하는 호라 박사는 모모에게 "시간은 참된 소유자를 떠나면 죽은 시간이 되고 말아. 왜냐하면 모든 사람들이 저마다 자신의 시간을 갖고 있기 때문이지. 그래서 이것이 참으로 자신의 시간일 때에만 그 시

간은 생명을 갖게 되는 거란다"고 일러준다.

마침 최근에 세계 불교 지도자이자 평화운동가인 베트남 출신 틱낫한 스님이 '부처님 오신 날'을 맞아 부산을 찾았다. 세계적인 명상수행공동체 '프랑스 플럼 빌리지'를 이끄는 스님은 10여 년 전 국내에 출간한 «화(anger)»의 저자이면서 걷기 명상가로 유명하다.

범어사 대웅전 앞 특별법석에서 봉행된 한국전쟁 정전 60년 한반도 평화대회 초청법회에서 '힐링, 상생, 행복'을 주제로 두 시간에 걸쳐 법문하였는데 "우리의 많은 고통은 나 스스로에 대한 오해에서 비롯된다. 주변에 있는 남편, 아내, 아이들의 고통을 줄이고 싶다면 우선 내 안의 고통, 아픔에 귀를 기울일 것을 제안한다"면서 상대의 고통과 아픔을 진정으로 이해했을 때 내 안의 화와 분노도 가라앉힐 수 있고 그것이 바로 '치유'의 길이라고 하였다. 우리의 스티븐도 작품 내내 불행과 고통은 물론 미래에 대한 불안을 감내해 낸다.

인간을 어리석게 만드는 것은 욕심과 감정일 때가 많다. 지성과 분별력을 가지고 있음에도 불구하고 인간이 계속하여 어리석을 수밖에 없는 것은, 지성과 분별력보다도 더욱 강한 욕심과 감정을 가지고 있어서 그럴 경우가 허다하다. 타오르는 욕심과 감정의 불길 앞에서는 인간이 자랑하는 지성도 서리맞은 갈대처럼 힘을 못 쓰고 주저앉는다. 일단 지성이 주저앉으면 이성의 촉각은 무디어지고 어리석음의 밀물이 들이닥친다.

«젊은 예술가의 초상»에서 드러나는 그리스·로마적 고행의 태도는 바닷가에서 물놀이를 하고 있는 친구들이 스티븐을 불러세워 야유를 보내는 장면에서 확인할 수 있다.

– 그는 그들이 부르는 소리를 존중해서 가만히 서 있었고, 그들의 야유를 안이한 말로 받아넘겼다.…그들의 야유를 처음 듣는 것이 아니었고 이제는 오히려 그의 교만한 우월감을 부추겨 주었다. 과거와는 달리 자신의 기이한 이름도 이제는 하나의 예언처럼 느껴졌다. 따뜻한 잿빛 공기는 시간을 초월한 듯했고 자신의 기분 역시 매우 유동적이고 비인격적으로 보였기 때문에 그에게 있어 모든 시대는 하나였다. 얼마 전만 해도 덴마크족 고대 왕국의 망령이 연무로 뒤덮인 도시의 덮개를 뚫고 내다보는 듯했다. 이제 전설적인 명공의 이름을 듣자 흐릿한 파도소리를 듣는 듯했고 날개 달린 한 형체가 파도 위로 날아 하늘로 천천히 올라가는 것을 보는 듯했다. –

유년기와 소년기를 거치는 동안에 스티븐의 주변 인물들은 그들과 다르게 사고하고 행동하는 스티븐을 끊임없이 괴롭힌다. 스티븐은 바닷가에서 만난 친구들의 조롱을 무심하게 받아넘기고 그들 청소년기의 신체적 특징들을 보는 것에 찌르는 듯한 고통을 느끼지만 침묵으로 견뎌낸다.

스티븐은 내면적으로 자신만의 목표를 추구하고 자신의 운명이 무엇인지를 밝혀내려고 노력한다. 그 결과 몰개성적인 행동을 보이는 친구들과는 대조적으로 스티븐은 자신이 겪는 고행을 통해서 고립감을 느끼는 한편 자신의 개성을 알게 된다.

스티븐이 다른 사람들과 구별되는 고유한 개성을 간직하고 있다는 것을 자각하는 것은 다름이 아니라 자신의 기이한 이름 때문이다. 그래서 그는 과거와는 달리 자신의 이름을 '하나의 예언'으로 여긴다. 전설적인 명공의 이름을 통하여 자신의 도도한 주체의식을 깨닫고, 친구들이 야유하는 자신의 특이한 이름을 듣자 이제는 하늘로 비상하는 형체의 모습에서 피할 수 없는 자신의 소외된 운명과 '예술가의 상징'을 발견하면서 희미하고 실체가 드러나지 않던 자신만의 예술적 주체로서의 독립을 확인하게 된다.

그렇다면 작품 속에서 스티븐의 내적·외적 수행을 할 때 존재의 미학을 추구하도록 동기를 부여했던 것은 과연 무엇이었을까? 스티븐은 앞서 나타난, 불행과 죽음을 준비하는 내향적 수행의 독백에 뒤이어 한 등장인물이 가르쳐 준 슬픈 동요를 부르며 마치 그 음악처럼 아름답고 슬픈 가사에 큰 감동을 받는다.

이 부분은 작품에서 스티븐의 언어 예술적 감수성이 최초로 발견되는 대목으로, 이러한 '언어'는 그의 존재의 미학을 특징짓는다. 스티븐에게 있어서 언어는 그의 마음속에 개념의 형상과 소리를 형성해 주는 발단일 뿐만 아니라 예술에 입문하게 만드는 미학적 도구였다. "언어는 세상을 바라보는 하나의 장면"이라고 한 오스트리아 출신의 영국 철학자 비트겐슈타인의 말을 되씹어 보는 스티븐이었다.

스티븐은 자신의 약한 육체를 보호하기 위하여 주위 환경으로부터 이탈, 스스로 소외감을 느끼게 만들지만 그 대신에 그는 언어로부터 얻는 즐거움으로 자신이 느끼는 소외감을 채운다. 일종의 보상심리인 것이다. 스티븐은 고립과 소외의 상황에 직면함으로써 자신의 내적인 생활에 더욱 집중하게 된다.

이로 인하여 스티븐은 자기 나름의 내적 질서를 추구하게 되고 동시에 내적 질서의 추구 방향은 주관적인 상상과 언어의 세계로 향하게 되는 것이다. 예술가를 꿈꾸는 스티븐에게 자신의 내면에서 갈고 닦은 언어는 가톨릭교 권력에서 벗어나도록 하는 자신만의 무기인 것이다. 키에르케고르가 "온 세계를 잃어버리더라도 너 자신을 잃지 않는다면 무엇을 염려하리오"라고 한 말이 실감날 정도였다.

숱한 세월 동안의 종교적 규범과 복종의 카테고리를 내면화해 온 스티븐에게 존재의 미학을 달성하기 위한 동기의 체계화는 하루아침에 이루어지지 않는다. 스티븐의 미적 이상은 스스로의 문학적 재능을 발견하기 시작하면서부터 조금씩 노정되다가 점점 더 명확해져 갔다. 인생은 한때의 흥분이나 분방한 기분으로 아무렇게나 써내려가는 무책임한 수첩이 아니기 때문이다.

진주를 품게 하려면 반드시 진주조개의 살을 쪼개야 한다. 불 같은 칼날이 연한 살을 후비고 들어가야 그때 그 생채기에서 훗날 한 알의 진주가 깃들인다고 한다. 그러기에 스티븐은 그의 능력이 미치는 한 상처와 시련의 아픔을 무한정 겪고자 하고 있다. 하등의 인간적 고뇌 없이 밥만 먹으며 살기보다는 껍질을 째고 새 순을 불러내는 나무가 되든지, 살을 가르고 진주를 품든지 해야 하는 것이다. 위대한 인간은 태어나는 것이 아니라 선택과 훈련에 의해서 만들어진다.

이성(異性)에 대한 그리움

스티븐은 아버지의 파산으로 몰락한 어려운 가정의 현실에서 벗어나, '다이달로스'의 탈출에 관한 신화와 유사한 알렉상드르 뒤마의 «몽테크리스토 백작»을 탐독한다. 상선(商船) 파라온 호의 일등 항해사인 에드몽 당테스가 세 사람 악인의 음모로 투옥되어 14년 간 옥중생활을 하다가 오랜 고난 끝에 탈옥하여 몽테크리스토 섬에 감추어진 막대한 보물을 찾아내어 거부가 된 다음, 몽테크리스토 백작이라는 이름으로 파리 사교계에 나타나 악인들에게 차례로 복수한다는 줄거리이다.

스티븐은 그 책에 나오는 주인공의 모험과 마찬가지로 긴 열차 모험을 겪는다고 상상하기도 하고, 달빛이

비치는 정원에서 약혼녀였던 메르세데스와의 만남을 그리기도 한다. 비현실적 인물인 메르세데스와의 이러한 상상적 만남을 통하여 스티븐은 자신의 연약함이나 미숙함이 떨어져 나가리라는 정신적 위로를 얻는다.

여기에서 주목할 만한 부분은 작품 속에서 스티븐 '디덜러스'의 미적 이상, 예술작품과 예술작품으로서의 자신의 존재를 만들어낼 수 있는 미학적 기술의 열쇠를 쥐고 있는 대상이 언제나 '여성'으로 제시된다는 점이다. 여성의 이미지는 이타적이고 풍요로우며 재생과 모성적 능력의 본보기이자 예술적 창조의 근거가 되기 때문이다.

이것은 그리스 · 로마 신화에서 건축과 공예의 명장으로 나타나는 다이달로스가 여신 아테네에게서 기술을 전수받았다는 이야기를 떠올리게 한다. 우여곡절 끝에 탈출한 몽테크리스토 백작의 눈앞에 메르세데스가 있었던 것처럼 스티븐도 그녀를 동경하기 시작한다.

사실 스티븐은 자기 영혼의 어둠 속에서 느낄 수 있던 예술가적 야심의 배출구를 찾지 못하고 있었다. 이러한 스티븐에게 상상 속 메르세데스의 존재는 방황을 종식시키는 하나의 피난처였다.

– 그의 마음은 메르세데스에게 되돌아갔으며, 그가 그녀의 이미지를 되새겨볼 때 그의 피 속으로 이상한 불안감이 생겨났다.…때로는 아이들의 바보 같은 목소리를 듣고 있자니 자기가 다른 아이들과는 다르다는 사실이 클롱고우즈 시절보다도 더 예민하게 느껴졌다. 그는 놀고 싶지 않았다. 그는 그의 영혼이 지속적으로 바라보고 있었던 실체 없는 이미지와 실세계를 마주하기를 원하였다. 그는 그것을 어디서 어떻게 찾아야 할지 몰랐다. 그러나 그를 이끄는 예감은 그의 어떤 공공연한 행동 없이도 그가 이 이미지와 맞닥뜨리게 될 것임을 말해 주었다.…그리고 최대의 부드러움의 순간 속에 그는 변모될 것이다. 그녀의 눈 아래에서 무언가 형언할 수 없는 것으로 사라지게 되고 그러면 순식간에 변모하게 될 것이다. 연약함과 수줍음, 그리고 무경험은 그 마법의 순간에 그에게서 떨어져 나가게 될 것이다. –

스티븐이 꿈꾸는 여성의 이미지로 상징되는 그 미적 이상과 만나게 되는 순간은 곧 자신에 대한 온전한 통제가 가능하게 되어 모든 연약함이나 소심함, 무경험 등이 떨어져 나가게 되는 순간이다. 그가 형체 없는 메르세데스의 이미지를 추구하는 이유는 예술을 현실 안으로 끌어들이기 위해서이다. 따라서 스티븐이 메르세데스를 생각할 때 느끼는 불안감은 상상 속에 존재하는 이미지가 현실화되고 있음을 의미한다.

그러나 다이달로스도 미노스 왕의 딸 아리아드네 때문에 자신이 건축한 미궁에 감금되었던 적이 있었던 만큼 스티븐이 관계하는 모든 여성이 미적 이상을 계시해 주고 미학적 기술을 전수해 주는 것은 아니었다. 스티븐은 메르세데스에 대한 동경과 함께 상상 속의 이미지와 부합하는 현실 속의 인물을 찾고자 하였다.

이때 등장하는 에머 클러리는 스티븐의 첫사랑이었으며 동시에 현실에서 발견한 메르세데스였다. 이 여성은 작품 내내 스티븐의 연애감정을 부추기는 설렘의 대상이 된다. «신곡»을 쓰게 된 단테의 마음속에서 영원하였던 '베아트리체'의 초상처럼. 또 있다. 베르테르와 로테의 사랑처럼. 결국 베르테르는 권총으로 자살하지만.

괴테의 쓴 «젊은 베르테르의 슬픔»은 이룰 수 없는 사랑의 대명사같이 사용되는 소설이다. 맑고 순수한 영혼을 지닌 아가씨 로테를 사랑하게 된 청년 베르테르의 슬픔이 진하게 묻어나는 이야기의 흐름이 읽는 이의 시선을 놓치지 않는다. 우연히 그녀를 돕게 된 베르테르는 그녀에게서 설렘을 느낀다. 로테는 베르테르를 집으로 초대해 감사의 표시로 푸른 리본과 책을 선물한다. 이를 사랑의 징표로 오해한 베르테르는 불꽃같이 강렬한 사랑에 빠진다. 하지만 로테에게는 이미 완벽한 약혼자 알베르트가 있다. 두 사람의 결혼을 지켜볼 수밖에 없는 베르테르는 깊은 슬픔에 잠긴다. 독자들도 '베르테르의 효과'에 걸려 슬픔에 잠긴다.

하지만 우리의 주인공 스티븐은 소박한 그녀의 순결성을 동경하면서도 그러한 순박함이 어둠 뒤편에 영혼의 비상을 얽어맨 채로 그 속에서 자아의식을 찾는 기회주의적이고 자기 존엄을 상실한 조국의 여인상이라고 간주하여 그녀를 끝내 떨쳐버리고 만다.

많은 아일랜드 사람들은 앞서 한 번 언급한 바 있는 파넬과 같은 명예로운 인물들의 희생으로 인하여 평온한 나날들을 보냈지만 훗날 그들은 종교적 계율을 내세워 파넬을 정치적 파멸로 몰아갔다. 이러한 조국의 모습은 형식적인 의식을 수행하는 법이나 배운 신부와, 시시덕거리기나 하는 '가톨릭교의 시녀' 에머 클러리의 모습과 일치한다.

에리히 프롬은 그의 저서 «사랑의 기술»에서 다음과 같이 말한다.

"이기적인 사람은 오직 자기 자신에게만 관심이 있고

모든 것이 자기 자신을 위한 것이기를 바라며, 주는 데서는 기쁨을 느끼지 못하고 오로지 받는 데서만 기쁨을 느낀다. 그는 외부세계를, 거기서 무엇을 얻을 수 있느냐 하는 관점에서만 본다. 그는 다른 사람들의 욕구에 관심이 없고 다른 사람들의 존엄성과 완전성에 대한 존경심이 없다. 그는 자기 자신밖에 볼 줄 모르며 자기 자신에 대해서 쓸모가 있느냐 없느냐로 모든 인간을 판단한다. 그는 기본적으로 사랑할 줄 모르는 사람이다."

그렇다. 여성의 이미지를 통하여 이끌림을 받는 바로 그 아름다움, 스티븐의 미적 이상은 그가 대학교에 진학한 이후 자기만의 체계화된 토마스 아퀴나스적 미학이론을 만들어 나가는 데에서 나타난다. 토마스 아퀴나스는 이탈리아의 신학자요, 철학자이다. 도미니코 수도회 소속이며 스콜라 철학의 대표적인 인물이다. 아리스토텔레스의 철학과 신학, 곧 이성과 신앙의 조화를 꾀하여 장대한 체계를 구축하였다. 가톨릭교회의 권위로 삼고 천사적 박사(天使的博士)로 불렸다. 그는 "시각에 쾌감을 주는 것이 미(美)이니라"고 하였다.

이에 따라 스티븐의 미학이론은 자족적인 존재로서 다른 것들로부터 구분되고(全一性), 그 자체로 그 자체의 부분들 사이의 관계에 있어 조화로우며(造化), 마지막으로 그 속에 내재하는 신적 목적을 보편적인 방식으로 명쾌히 포착할 수 있음(빛)을 그 속성들로서 가지고 있다.

구속되지 않는 예술의 양식을 찾아서

스티븐이 겪은 방황들은 그러한 아름다움의 모든 미적 속성의 단계들을 충족시키고 또한 그 속에 그러한 충족적인 관계를 지니고 있는 진정한 아름다움을 찾아 나가는 과정에 다름 아니다. 스티븐은 단짝 친구였던 크랜리에게 자신의 정신이 구속되지 않은 자유로운 상태에서 그 자체를 표현할 수 있게 해줄 삶 또는 예술의 양식을 찾아야겠다는 각오를 표현한다.

이러한 스티븐의 태도는 자신의 삶을 영예롭고 아름답게 해줄 법칙들을 자율적으로 부과하고 훈련하여 삶의 예술품 내지 '존재의 기술'을 구현해 내고자 했던 그리스·로마 사람들의 윤리적 태도와 일치한다. 이와 같은 미적 추구의 점진적인 발전 과정으로 본 작품을 해석한다면, 스티븐의 회심과 성직에 대한 철회의 에피소드는 서사(敍事)의 중심이자 전환점에 해당하는 결정적인 파국이 아니라 점진적인 발전의 한 단계가 된다.

이를 동일한 관점에서 볼 때 자신의 문학적 재능을 발견해 나가면서도 재정적·감정적으로 더욱 기울어가던 가정환경 속에 고립되고 마는 예민한 사춘기의 스티븐과 사창가의 창녀와의 관계는 미적 추구를 위한 한 과정으로 볼 수 있다.

– 그는 자신의 눈을 감고, 그녀에게 자신의 몸과 마음을 내맡긴 채 그녀의 부드럽게 갈라진 입술의 어두운 압력 이외에는 이 세상의 어느 것도 의식하고 있지 않았다. 그녀의 입술은 모호한 언어를 전달하는 것처럼 그의 입술만이 아니라 그의 두뇌를 누르고 있었다. 그리고 그 입술 사이에 그는 죄의 황홀함보다 더 어둡고, 소리나 악취보다도 더 부드러운 정체불명의 소심한 압력을 느꼈다. –

스티븐은 자신이 속해 있는 현실세계와 그가 추구하는 미에 대한 이상주의적 열망 사이의 커다란 차이를 창녀와의 관계를 통하여 통합함으로써 감정적 일체를 꾀한다. 이러한 일체는 순수하고 부드러운, 내적 평온함을 부여하는 이상적인 통합체로 승화된 것이며 아름다움을 찾아나가는 하나의 과정인 것이다.

물론 스티븐은 숱한 세월 동안의 종교적 규범과 복종의 범주에서 자유로울 수 없다. 그는 색정의 죄악을 저지르고 난 뒤 신 앞에서의 죄의식과 영혼의 메마름으로 인한 고통을 느낀다. 그러나 푸코가 지적하였듯이 자기인식은 자기에의 배려를 통해서 이루어지기 때문에 신화적 윤리의 태도와 가톨릭교적 윤리의 태도를 완벽하게 구분하여 생각할 수는 없다. 다만 가톨릭교의 자기테크놀로지들 중에는 개인이 자신의 삶을 자주적으로 만들어가는 실천양식인 신화적 자기의 숨은 기능들을 받아들여 자신만의 색채를 부여한 것들이 있으므로 그 중간 단계의 자기 기능들이 존재한다.

스티븐이 자신만의 미학적·존재적 표현의 양식을 체계화하기까지 '스티븐 디덜러스'라는 이름의 조합처럼 그 두 가지 태도는 혼합되어 있다. 격렬한 종교적 갈등과 내적 고민을 겪는 과정에서 모호한 대목들이 나타나고 있는 것은 바로 그것 때문이다.

이와 같은 모호한 태도의 극치를 이루는 부분은 창녀

와의 관계에 뒤이어 등장하는 대목으로, 스티븐이 '죄인들을 온화한 연민으로 바라보고 있는' 죄인들의 피난처, 즉 성모 마리아에게로 향하는 장면이다. 창녀에게 몸을 내맡기는 순간에 전해져 왔던 그 '부드러움'의 느낌을 성모에게 다가가는 움직임에서도 찾아볼 수 있다.

– 그녀(성모)의 연약한 몸에서 희미하면서 기묘한 빛으로 나타나는 그녀의 신성함은 그녀에게 다가가려는 죄인을 창피 주지 않았다. 만약에 그가 자신의 죄로부터 벗어나려 하고 회개하고자 한다면 그를 움직이게 한 충동은 그녀의 기사가 되려는 소망이었다. 만약에 그의 육체의 욕정에 대한 광란을 다 소비한 후에 수줍게 그녀의 거처로 돌아가면서 그의 영혼이 밝고 음악적이고 천국을 말하고 평화를 불어넣는, 샛별을 상징하는 그녀에게로 향했다면 더럽고 수치스러운 말과 외설적인 키스의 뒷맛이 여전히 남아 있는 입술로 그녀의 이름을 부드럽게 속삭이던 순간이었다. –

스티븐과 창녀와의 감정적 융합이 비록 이상적인 미를 위한 통합일지라도 그는 종교적 죄책감에서 벗어나지 못한다. 냉철한 자기인식을 통하여 스티븐은 자신이 지은 죄가 너무 무거운 것이어서 거짓된 기도를 올린다고 해서 속죄될 수 없음을 깨닫는다. 그리하여 그는 하느님께 기도를 올리지도 않고 성모 마리아 신심회의 회장으로서 거짓된 역할을 하기도 한다.

그러나 스티븐은 성모 마리아로부터 상상의 메르세데스의 존재를 느끼며 자기배려의 기능 중 하나인 '양심의 검토'를 통하여 자신의 죄와 행동들을 되돌아보고 마음의 위안을 얻으려 성모에게로 향한다. 스티븐은 죄의식에 사로잡혀 모든 선한 의지를 잃고 자신이 추구해야 할 이상을 깨닫지 못한다. 그는 일시적으로 자신이 추구하는 아름다움 대신에 종교를 선택함으로써 정신적 안정감과 질서를 회복한다. 이와 같은 스티븐의 행동은 그의 내면에 일찍이 그리스·로마적 윤리와 가톨릭교적 윤리가 뒤섞여 있음을 알 수 있다.

가톨릭교의 계율을 고려할 때 아직 회심에 이르지 않은 영혼에게 온전한 평화의 순간은 존재하지 않는다. 이러한 사실은 회심에 이르지 않은 죄지은 영혼의 갈등상태를 완화시켜 주는 것일 뿐이며 스티븐이 성모에게 향하는 움직임의 태도는 가톨릭교적인 종교의 태도와는 차이점이 있다.

죄를 범한 스티븐의 영혼은 내적 갈등상태에서 벗어나기 위하여 라틴어 성서 구절들을 읽는다. 비록 위장된 목소리로 그 구절들을 읽지만 음악처럼 흐르는 가락은 스티븐의 양심을 다소나마 달래준다. 이것은 죄의식으로 인한 그의 영혼이 극심한 갈등상태이기는 해도 다른 한 편으로는 자신의 삶과 예술작품을 위한 연습과 훈련이 계속해서 진행되고 있음을 보여준다.

카사노바는 이탈리아 베니스에서 태어난 희대의 풍운아이다. 18세기에 유럽 각국을 떠돌면서 수많은 여성들과 염문을 뿌리기도 한 카사노바는 문필가요, 외교관에다 모험가요, 고전 번역가였다. 성직 수행 중 몸을 망쳐 전 유럽을 방랑하며 기구한 생애를 보냈다. 여기에 비하면 스티븐의 일시적 방탕은 약과이다.

이후 학교에서 열린 피정 기간 동안의 스티븐에 대한 설교와 훈련의 과정은 무엇보다도 가톨릭교다운 모습을 되찾기 위한 것이다. 피정의 설교가 절정에 이르는 대목에서 나타나는 지옥에 대한 묘사는 시들어 버린 사막의 꽃처럼 스티븐에게 육체적 · 정신적 고통으로 다가온다. 이와 같은 종교적 피정이나 지옥의 묘사는 인물들의 영혼을 훈련시키거나 과거 삶의 정화, 올바른 인생으로의 회귀, 미래 운명을 성찰하도록 한다.

여기에 나오는 지옥에 대한 묘사는 단테의 장편 서사

시 《신곡》 가운데 '지옥편'을 보는 것 같다. '조각의 신'으로 불리는 프랑스의 조각가 오귀스트 로댕의 1880년 작품 《생각하는 사람》은 원래 파리 장식미술관 입구에 설치될 '지옥의 문'을 위하여 제작된 200여 개 군상(群像) 중 하나로 문 위에 설치되어 있었다. 한때 로댕의 비서였던 시인 라이너 마리아 릴케도 그 작품을 극찬하였으며, 조지 버나드 쇼는 '생각하는 사람'과 똑같은 자세로 누드 사진을 찍기도 하여 화제가 되었다.

깊은 깨달음

외면적으로 스티븐은 단순히 가톨릭교 본연의 목표에 이끌려가는 듯하지만 지옥에 관한 묘사의 강렬함과 거기에 스티븐의 통렬한 반응은 그를 히스테리컬한 회심으로 인도하며 스스로의 미학적 체계화로 들어가는 자양분을 찾도록 만든다.

회심이 끝난 다음에 자신의 삶을 개선했는지 스스로 반문하는 스티븐의 가톨릭교 전체 기능의 실천과 훈련의 대목 역시 모호한 성격을 가지기는 마찬가지이다. 물론 그는 미사에 열정적으로 참여하고 열심히 기도하며 매일 세 차례의 묵주신공을 올린다. 또한 자신의 하루 일과를 신앙생활의 계율에 따라 톱니바퀴처럼 분할시키기도 하고 모든 감각을 엄격히 규제하며 고행을 자처한다.

이처럼 철저한 금욕적 수행과 참회의 기도는 스티븐이 느끼는 죄의식과 공포를 거의 사라지게 만든다. 그러나 그의 수행과 기도의 강도가 깊어질수록 종교의 세계가 단순한 권세와 사랑과 보편의 원리로만 작동한다는 사실을 감지한다. 더 나아가 그는 중죄를 지을 만한 유혹은 받지 않았지만 그 복잡한 신앙생활과 자제의 과정 이후에도 쉽사리 유치하고 자기답지 않은 결함에 빠지는 것을 보고 스스로 놀라기도 한다.

– 그가 기도나 명상을 하는 동안 다시 그에게 속삭이기 시작한 육체의 집요한 목소리에 그의 영혼이 다시 한번 휩싸였다고 느끼게 된 지금, 이렇게 자기를 방기하겠다는 생각은 그의 마음에 위태로운 매력을 지니고 있었다. 어떤 순간적인 생각에서 그가 단 한 번만 동의하면 그 동안 이루어 놓은 것을 모두 허물어뜨릴 수 있다는 것을 알게 되니까 자기에게는 힘이 있다는 강력한 느낌이 들었다. –

그는 회의와 망설임을 곁들인 정신적 고갈과 영혼의 삭막함을 거치게 되고, 회심 이전과 같은 죄악에의 자기

방기가 이 모든 은총의 과정을 허물어뜨릴 수 있다는 깨달음에 짜릿한 기분을 느끼기도 한다. 영원이 아닌 현실 속에서의 예술가로 걸어가려는 스티븐은 내세의 은총을 받기 위한 자기포기의 삶, 삶 그 자체와 맞닥뜨리기를 그만두고 그 세부적인 요소 하나하나를 통하여 신에 대한 의존을 확인해야 하는 가톨릭교다운 삶이 그에게는 어울리지 않는다.

표면적으로 스티븐은 회심의 과정을 거쳐 새로 태어난 듯이 보이기는 하나 그의 고해성사가 지옥에 대한 공포와 위협 때문에 그가 짜냈던 성급한 고백으로 이루어진 일시적인 회심이 아니었는지 반문한다. 가톨릭교에 따른 삶이 해이해져 갈 때마다 반복되었던 고해성사에서 신부는 늘 회개하기 이전의 죄들을 다시 "고백해 봐라"고 한다.

그런 고백에 뒤따르는 굴욕감과 창피함 때문에 스티븐은 회개와 사죄의 메커니즘을 매번 반복하게 된다. 굴욕감과 창피함을 느끼는 것은 그것이 부정이라기보다 영예롭지 못한 자기방어였기 때문이다. 그것은 스스로의 환경에 육욕의 노예가 되어버린 관계로 영예로운 예술작품으로서의 삶을 꿈꾸는 신화적 주체가 자율적으로

지양해야 할 행위였다.

스스로의 회심을 철회한 이후에 쾌락의 노예상태로 돌아가기를 거부하는 스티븐의 면모도 그러한 해석을 뒷받침해 준다. 그런 다음에 체계화된 자신의 미학이론에서도 스티븐은 그러한 육욕적 동기를 '남성이 찬양하는 여성의 육체적 성질은 종의 번식을 위하여 여성이 수행하는 다양한 기능과 직접적으로 연관된 것이며 미학이 아닌 우생학'이라며 천박하게 여긴다.

그러나 여전히 스티븐은 가톨릭교의 테두리에서 완전히 벗어나지 못하고 있었으나 교장 선생님이 제안한 사제직의 권유는 스티븐의 내적 변화를 불러일으킨다. 사실 따지고 보면 가톨릭교에서도 전술(前述)한 지옥의 공포와 같이 미학적으로 전율할 만한 아름다운 이미지나 라틴어 성경 음독과 같은 소박한 문학적 즐거움이 없는 것은 아니었다. 하지만 단순히 예술작품을 하나의 대상으로서 향유하는 입장이 아니라 자신의 삶 또한 예술작품으로 만들어야 한다면 이것은 전혀 다른 성격을 지니게 된다.

성직의 권위에 복종하는 입장에서 틈틈이 미학적 실천을 하며 만족해 가던 스티븐에게 그러한 성직의 권위를 행사하는 신부가 된다는 것은 완전히 새로운 문제였다.

– 교회의 오만한 권리라든지 사제직의 신비와 권력을 선택하라고 그에게 재촉하는 교장의 목소리가 공연히 그의 기억 속에서 반복되고 있었다. 그의 영혼은 그 교장의 목소리를 들으려 하거나 환호로 맞아들이려 하지 않았고 이제 그는 사제직을 장려하는 교장의 권유가 쓸모없는 형식적인 이야기로 함락되어 버렸다는 것을 알았다. 그가 성직자로서 교회감실 앞에서 향로를 흔드는 일은 결코 없을 것이다. 그의 운명은 사회적이거나 종교적인 명령으로부터 벗어나는 것이었다. 교장이 그에게 했던 호소의 타당함이 그의 급소를 가격하지는 못했다. 그는 다른 사람들로부터 떠나 자신의 지식을 배우거나 세계의 유혹들 사이를 스스로 헤매고 돌아다니면서 타인들의 지혜를 배워야 할 운명이었다. –

공포에 의한 죄의 고백과 그에 따른 신앙심은 스티븐의 외적 생활양식의 변화를 가져왔지만 그는 신앙을 통해서 내적인 안정과 자신의 소명인 오랫동안 추구해 온 알 수 없는 실체와의 만남을 찾을 수 없음을 인식하게 된다. 그 와중에 스티븐이 외적으로 고양된 종교적 상태를 경험하는 것은 새로운 사명을 받아들이기 위하여 영혼이 겪는 열정이며 그가 느끼는 욕구의 충동은 예술가로의 내적 충동으로 변화를 의미한다.

스티븐은 자신이 사제가 되었을 때 줄을 지어 새벽 미사에 참가하고 뱃속의 허기를 극복하려고 헛되이 노력하는 자신의 모습을 상상한다. 이처럼 스티븐이 사제직을 선택한다면 그는 속세에서 떨어져 나와 오로지 육체적 고행으로 금욕생활을 감수해야만 한다. 이는 곧 자율적 자기형성의 자유가 박탈당하는 것을 의미한다. 스티븐은 어느 순간에 자기 영혼이 겪게 될 말없는 타락을 감지하며 사제의 길이 아닌 자신만의 신을 찾아 미(美)의 사제로서 예술가적 순교자가 되기로 결심한다.

존재의 가치에 대한 깨달음을 얻은 스티븐은 이제 가톨릭교의 윤리적 태도와 고대 그리스·로마의 윤리적 태도를 명확히 구분할 수 있어, 비로소 진정한 아름다움을 찬미할 수 있게 된다. 사제의 길을 거절한 이후 대학 진학을 앞둔 스티븐은 대낮에 바닷가를 거닐다가 마치 별처럼 침묵의 어둠을 꿰뚫는, 이 세상 밖에서의 한 목소리를 듣는다.

흡사 크레타 섬의 미궁에 감금된 다이달로스가 아련한 파도소리를 들으며 탈출에의 꿈을 키웠듯이 바닷가

근처에서 스티븐은 작품 초반에 자신을 사회적 현실로부터 떼어 놓았던 그 어색한 이름, 운명의 부름인 '디덜러스'를 통하여 주체의식을 깨닫고 영예로운 단 한 번의 삶에 대한 그리스 · 로마인들의 취향을 고취하게 된다.

사람이 어떤 일에 미련이 있다는 것은 현재 하고 있는 일에 익숙하지 않거나 만족을 못하고 있다는 반증이다. 미련을 떨치는 최선의 방법은 현재를 치열하게 사는 것이다. 스티븐은 사제직에 대한 안개 같은 미련을 버리고 예술가로서 치열하게 살고자 도움닫기를 하고 있다.

지옥을 벗어날 유일한 방법은 편안한 마음의 세계를 유지할 수 있도록 병인(病因)을 도려내고 탐욕에 휘둘리는 나를 미련 없이 버리는 것뿐이다. 스티븐은 지금 그 미련을 버리고 있다.

새로운 비상을 위하여

스티븐은 그가 태어나면서부터 받들도록 되어 있었고 아지랑이 같은 유년기와 소년기를 통하여 꾸준히 추구해 오기도 했던 목표를 인식한다. 그 목표는 '자기의 작업실에서 이 지상의 맥빠진 물질'을 가지고 예술로서 자신을 표현하리라는 것이다. 그는 고대 그리스 명장의 자존심을 가지고 아테네로부터 전수받은 기술로 비루한 일상의 재료를 만들어 예술작품 같은 삶을 사는 불멸의 이름을 남겨야 하는 것이다.

어릴 적부터 밤이면 스티븐을 가두었던 어둠에 대한 무서움, 자신을 둘러싼 환경에 대한 무기력함, 지옥에 대한 공포로 영혼을 옥죄는 그물, 육욕의 노예가 되었다는 사실에 대한 수치심과 같은 이런 것들은 스티븐의 소년시절 무덤에서 나온 수의를 상징한다. 스티븐은 이제 그 시절의 수의를 떨쳐버리고 "영혼의 자유와 힘을 밑천으로 하나의 살아 있는 것, 아름답고 신비한 새 비상체를 오만하게 창조해 보리라"고 결심한다. 그리고 그는 드디어 아테네의 기술, 진정한 미적 이미지의 실체와 마주치게 된다.

— 시내 한가운데 한 소녀가 그의 앞에 서 있었다. 홀로 가만히 움직이지 않고 바다 쪽을 응시하고 있었다. 그녀는 마술로 인해 기묘하고 아름다운 바닷새의 모습으로 변한 듯 보였다. 그녀의 길고 가냘프게 드러난 다리는 학의 다리처럼 유약했으며 살결에 표시해 둔 기호같이 새겨진 에메랄드 빛 해초의 자국을 제외하고는 순결하게 보였다. 풍만하고 아이보리처럼 부드러운 색조의 그녀의 허벅지는 부드러운 흰색 깃털 같은 그녀의 속바지의 하얀색 솔이 드리워져 거의 엉덩이까지 드러내고 있었다. 그녀의 허리까지 대담하게 걷어올린 검은 회색이 도는 청색 스커트는 비둘기 꼬리처럼 그녀 뒤로 내밀고 있었다. 그녀의 가슴은 새의 가슴처럼 부드럽고 가냘팠다. 그러나 그녀의 긴 금발의 머리카락은 소녀다웠고 그녀의 얼굴 또한 소녀다우면서 치명적인 아름다움의 놀라움을 띠고 있었다. —

미적 이미지의 실체는 육감적인 여성의 모습을 지니고 있지만 욕망을 일으키는 것은 아니었다. 그것은 새, 혹은 날개 형상을 한 이미지로 스티븐의 예술작품과 예술작품으로서의 삶을 만들어낼 미학적 원리의 해답을 간직한 진정한 '기술'이었다. 또한 그 실체는 토마스 아퀴나스의 이론을 바탕으로 스티븐이 만든 자신의 미학 이론 범주들과 부합한다.

소녀의 이미지는 다른 어떤 것들과도 구분되는 지고의 '전일성(全一性)'을 지니고 있고, 하체로부터 시작해서 허리춤의 치마와 가슴, 긴 금발머리에 이르기까지 전체와 부분들의 조화로움이 '새'의 형상을 연상시킨다.

마지막으로 보편적인 '미적 이미지'로서의 경이로운 인간적 아름다움, 그러나 신의 목적을 나타냈다기보다는 그리스·로마 신화의 사티로스와 같은 반인반수로서의 독신적 영광을 표상화하고 있다.

그렇다면 마지막으로 그러한 미학적 법칙성들을 통하여 하나의 예술작품으로 형성해 내야 하는 '디덜러스의 삶'은 어떤 것인가? 스티븐은 자신의 예술가적 신념을 실천하기 위하여 그를 둘러싼 가족·조국, 그리고 종교의 굴레에서 벗어나 삶의 경험을 통하여 자신의 주체를 발견하고 예술로서의 삶을 실천하고자 한다.

– 나는 더 이상 믿지 않게 된 나의 가정 · 조국 · 교회라 불리는 것을 결코 섬기지 않을 것이다. 그리고 나는 어떤 삶이나 예술의 방식을 내가 할 수 있는 한 자유롭고, 내가 할 수 있는 한 완전하게 나 자신을 표현하고자 노력할 것이며 나를 방어하기 위해 사용하는 유일한 무기인 침묵 · 망명, 그리고 간지를 사용하도록 허락하겠다. –

이 대목에서 예술가적 신념을 실천하려는 스티븐의 결심이 잘 나타나 있다. 스티븐은 자신만의 무기를 사용하여 어떤 삶이나 예술의 방식을 자유롭고 완전하게 표현하기 위하여 토마스 아퀴나스의 미학이론을 변용, 자신만의 미학을 정립한다. 예술가로서 자신의 미래를 안내해 줄 원리들을 개괄적으로 표출한 스티븐의 미학이론에 있어서 '문학은 최고의 예술이요 가장 정신적인 예술'로 손꼽힌다.

스티븐은 미적 속성의 세 단계처럼 문학의 형식도 차원을 달리하는 세 단계의 형식으로 설명한다. 첫 번째 단계는 '서정적 형식'으로 작가 개인의 이미지와 정서를 표출한 것이며, 두 번째 단계는 작가의 이미지와 정서가 다른 개인들의 그것들과 뒤섞이며 이야기를 만들어 내는 '서사적 형식', 세 번째 단계는 작가의 이미지와 정서를 직접적으로 다른 사람들에게 부여하는 '극적 형식'으로 가장 고차원적 단계이다.

토마스 아퀴나스와 같은 미학이론의 '빛'이나 문학예술의 '극적 형식'이 가지는 그 초연한 성격은 완벽한 아치의 형태를 갖추어 안정성을 이룬 상황이라고 할 수 있다. 이 마지막 단계에서 예술가는 토마스 아퀴나스 미학의 '빛'적 상태로 자신의 정서와 이미지를 보편적으로 순화시켜 구체적인 개성을 사라지게 만든다. 그리고 직접적으로 모습을 드러내지 않지만 자신의 모든 창조물에 자신만의 개성을 보편적으로 새겨 넣은 채로 스스로는 그 뒤에서 '초연히 손톱이나 깎고 있는' 창조의 신이 된다.

이러한 사실은 스티븐의 젊은 날의 인생 여정을 회고하는 작품 전개 순서를 통해서도 확인할 수 있다. 예를 들면 등장인물 가운데 단티가 들려주는 민요로부터 시작하여 외부의 인상을 있는 그대로 전달하는 어린 스티븐, 자신의 그리스 · 로마의 윤리적 태도와 가톨릭교의 윤리적 태도를 뒤섞으며 갖은 에피소드들을 만들어 내는 사춘기의 스티븐, 그리고 디덜러스의 운명으로 부활하여 단짝 친구 크랜리와의 우정마저 자율성을 위하여 던져 버릴 수 있게 되었던 이후의 '나'에 대한 언급이 사라져 버린 짧은 일기 형식의 노트들에 이르기까지 말이다.

우리의 주인공 스티븐은 이제 자유로운 영혼의 예술가로 창조의 신처럼 자기가 만드는 작품의 내면이나 이면, 혹은 그 위에나 더 높은 곳에 남아서 절대적인 고독을 두려워하지 않는다. 그는 초월적인 태도를 지니고 미래에 닥쳐올 삶을 경험하고자 하는 새롭게 형성된 자기 배려의 주체로서 세상의 모든 것을 직접적인 체험을 통하여 자신의 삶을 예술로서 가꾸어 나간다.

그리스의 철학자요, 수학자인 피타고라스는 "자유라는 것은 내 마음대로 행동하는 것을 의미하는 것은 아니다. 자유라는 것은 우선 자기 내부를 정리하고 질서를 세운 데에서 출발한다. 자기 자신을 정리하지 않은 행동은 임자 없이 멋대로 달리는 말이나 다름없다. 목표가 없는 행동은 하나의 방종이다. 모든 자유로운 행동의 원칙은 그 내부에 질서가 있고 목표가 분명한 점에 있다"고 하였다.

피타고라스의 말은 자유로운 영혼의 예술가가 되기 위하여 단봇짐을 싼 스티븐에게 길잡이가 되고 밝은 등불이 될 것이다.

문학 예술가들의 삶

그러면 여기에서 우리의 스티븐이 덤벙덤벙 덤비지 않고 차분하게 숨을 고르며 잠시 쉬어가는 간이역이 될 수 있도록 다른 예술가들의 특이한 삶을 재조명해 보는 것도 좋겠다. 그래야 스티븐이 실수를 줄이고 참다운 예술가로서의 진면목을 보여줄 테니까.

러시아의 소설가 톨스토이는 귀족 출신이었으나 유한사회(有閑社會)의 생활을 부정하고 기성의 정치·사회·종교·교육 등에 맞서 당시 러시아의 국가·사회 모순을 리얼하게 그려 구도적(求道的) 내면세계를 묘사하였다. 그러나 톨스토이는 질투심이 많고 수다스러운 부인 때문에 가정이 평화로운 날이 없었다고 한다.

부인의 질투심과 성화를 견디다 못한 그는 가정불화 끝에 거리를 헤매다가 1910년 추운 겨울밤 어느 시골역에서 82세를 일기로 아무도 지켜보는 사람 없이 숨을 거두었다. 그 당시 톨스토이의 명성은 너무나 유명했었고, 부와 사회적 지위도 남부러울 것이 없었지만 단 한 가지 부인의 성격 때문에 웃음짓는 날이 거의 없었다.

«죄와 벌» «카라마조프의 형제들» 등의 작품으로 우리와 친숙한 러시아의 소설가 도스토예프스키는 19세기 러시아 리얼리즘 문학의 대표주자였다. 모스크바 어느 빈민병원 의사의 아들로 태어난 그는 비합법적 운동에 관여하여 사형선고를 받았다가 집행 직전에 감형되어 시베리아로 유배당하였는데 4년 간 옴스크감옥에서 참담한 세월을 보냈다. 인간 심리의 내면에 깃들인 병적이고 모순된 세계를 밀도 있게 해부하여 현대소설에 막대한 영향을 끼쳤다.

프랑스의 소설가 빅토르 위고는 낭만주의의 거장으로서 자유주의적 · 인도주의적 경향을 풍부한 상상력과 장려한 문체, 운율의 형식을 빌려 작품을 썼다. 그는 방탕한 생활을 하다가 딸의 죽음을 목격하고는 하느님께 속죄하려고 1862년에 걸작 «레미제라블»을 완성시켰다.

빵 한 조각을 훔친 죄로 19년 간 강제노동형을 산 장발장의 회심과 구원이 줄거리인 이 소설은 바이블 다음으로 많이 읽혔다.

자기와의 싸움을 그린 «레미제라블»은 한 인간의 정신 내부에서 벌어지는 선과 악이 다투는 기록이요, 선한 자아가 악한 자아에게 마침내 승리하는 악전고투의 용감한 도덕적인 싸움을 그려냈다. 위고는 작품에서 "인간 최대의 승리는 내가 나를 이기는 것이다. 남을 이기기는 쉽다. 그러나 나를 이기기는 어렵다. 내가 싸워서 이겨야 할 대상은 밖에만 있는 것이 아니다. 나의 내부에 나의 적이 있다. 내가 곧 적이다. 인생의 패배자는 남한테 패배하기 전에 자기한테 패배한다. 인생의 승리자는 남한테 이기기 전에 먼저 나 자신을 이긴다"고 강조하였다.

독일 문단의 거장 권터 그라스는 문학을 뛰어넘어 현실 세계에서도 목소리를 적극 높이는 행동파 지식인의 대표주자이다. 폴란드계 독일인인 그라스는 나치즘과 제2차 세계대전으로 얼룩진 유년시절을 보냈으며 한때 미군 포로로 수감되었다가 전후에 갱부, 석공의 조수로 노동판에 뛰어들기도 하였다. 그라스는 첫 소설 «양철북»

으로 노벨문학상을 받아 단번에 독일 최고의 작가로 부상하였다.

베트남 반전, 핵기지 반대, 자본주의 주도의 독일 통일 반대 등 좌파 지식인으로서 젊은 작가들의 정치의식 부족을 나무라 온 그라스가 2002년 5월 한국에 와 월드컵 개막식에서 헌시(獻詩)를 낭독하였다. "모든 이데올로기에 대해 알레르기 반응을 보이는 휴머니스트"라고 스스로를 규정한 바 있는 그는 각종 문화적 · 정치적 사안이 터질 때마다 앞장서서 견해를 밝혀 왔다.

영국 경험주의 전통을 계승하면서 분석철학의 새 지평을 열고 1950년 노벨문학상을 받은 버트런드 러셀은 '위대한 지성'이자 '호색한'이었다. 100세에서 두 살 모자라게 장수한 그는 긴 생애를 통하여 네 번 결혼하고 틈틈이 혼외정사를 즐긴 바람둥이였다. 하원의원직에 세 번 출마하여 모두 낙선했으나 귀족 신분으로 상원의원직을 세습한 영국의 백작이기도 하다.

인류의 행복을 기원하며 반전운동의 기수가 되어 두 차례 투옥되는 등 평화주의자였던 그는 사랑에 대한 갈망, 지식에 대한 탐구, 인류 고통에 대한 연민이라는 세 가지 열정에 따라 살았다. 그에게 개인의 행복은 다른 어떤 가치보다 중요한 것이었으며 신의 존재와 제도화된 종교에 회의적이었던 러셀은 확실한 지식에 대해서는 집착에 가까울 정도로 이성적으로 접근하였다.

프랑스의 천재 시인 랭보는 '일탈(逸脫)과 자유'를 꿈꾼 '순결한 영혼'의 소유자였다. 반항과 착란, 광기와 투시(透視)의 고통스러운 글쓰기 끝에 스무 살 무렵 '문학이란 독'을 뱉어내고 사라져 버린 그의 침묵은 문학의 세계에 던져진 영원한 스핑크스의 질문이다. 동성애 · 무기매매 · 마약 등 일탈적인 삶을 살았으나 하지만 '너무나 인간적인' 그 삶의 궤적에서 끊임없이 자유를 갈망하는 한 영혼의 숨결과 대시인의 신화적 현신(現身)을 볼 수 있다.

프랑스 파리에 있는 아일랜드 출신 작가 오스카 와일드의 묘비에 추모객들이 키스하며 남긴 립스틱 자국들이 예술품을 연상케 한다. 수려한 용모에 옥스퍼드대 출신인 와일드는 유미주의(탐미주의) 작가이자 동성애자였다. 시와 소설, 희곡작가로 일세를 풍미하였지만 뇌막염을 앓다가 동전 한푼 없는 빈털터리로 호텔 방에서 쓸쓸한 죽음을 맞았다.

와일드의 아버지는 의사였으며 어머니는 시인이었다.

남색(男色) 사건으로 2년 간 감옥생활을 하고 나오자 가족은 모두 외국으로 떠나 버렸고 그의 친구들은 그와 만나기를 꺼려하였다. 그래서 그는 쓸쓸히 숨을 거둘 때까지 다락방 구석에서 외로움과의 처절한 싸움을 하며 지냈다.

19세기 미국의 소설가 에드거 앨런 포는 «검은 고양이» «어셔가(家)의 몰락» «갈까마귀» 등의 작품을 통하여 엽기적 살인, 광기 어린 복수, 분열된 자아가 얽힌 공포스럽고도 침울한 상상력의 세계를 선보였다. 어릴 때 부모를 잃고 평생을 빈곤과 우울, 마약과 음주벽에 시달렸고 부인마저 젊은 나이에 결핵으로 세상을 떴다. 5년 후 마흔 살에 길거리에서 의식불명으로 쓰러진 채 병원으로 실려가 외롭게 죽었다.

포는 단편소설 «군중 속의 남자»에서 "세상에는 밝혀지기를 거부하는 비밀들이 있다"고 하였다. 그래서인지 1849년 사망한 그의 무덤에는 1949년 이후 60년 동안 한 번도 거르지 않고 그의 생일인 1월19일이 되면 누군가 코냑 한 병과 장미 세 송이를 놓고 사라졌다. 이 미스터리 참배객은 2010년에는 나타나지 않았다.

그리스의 대문호 니코스 카잔차키스는 자유롭고 순수

한 영혼의 상징인 소설 «그리스인 조르바»를 썼다.
'오늘 이 순간'만 생각하며 과거와 미래에 얽매이지 않는 소설 속의 주인공 조르바, 크레타 섬을 무대로 춤도 잘 추고 여자를 유혹하는 데에 남다른 솜씨를 가진 조르바는 호탕하고 행동하는 삶을 보여준다.

카잔차키스는 회의주의자이자 사색가였다. '무엇이 본질인가'를 놓고 늘 고민하였다. 삶의 모든 순간은 삶의 실마리를 찾는 데에 써야 한다는 사고방식의 소유자였다. 세계인이 카잔차키스를 사랑하여 '국제 카잔차키스 친구들'이라는 비영리 단체까지 만들었다. 1988년 스위스 제네바에서 결성되었다. 그들 회원들이 카잔차키스를 좋아하는 이유로 '도전정신'을 들었다. 1946년 전쟁이 끝난 후 카잔차키스는 BBC방송에 출연하여 "한계를 초월하는 도전을 하지 않으면 살 가치가 없다"고 역설하였다.

음악과 미술을 사랑한 사람들

귓병이 심해지고 경제적으로 궁핍하였던 독일의 작곡가 베토벤이 시골에 내려가 숲길을 거닐면서 명상에 몰입하여 완성한 대작이 아홉 개의 교향곡 중 6번인 1808년 작품 «전원»이다. 악성(樂聖) 베토벤의 9번 교향곡 '합창'은 송년음악회에서 가장 많이 연주되는 곡 중 하나일 것이다. 특히 독일의 시인이요, 극작가인 실러가 지은 시 '환희의 송가'에 베토벤이 곡을 붙인 4악장은 장엄한 아름다움으로 우리의 영혼을 사로잡는다. "모든 사람이 형제가 되리라"는 노래를 통하여 베토벤은 인류의 평화를 기원하였을 것이다.

이 작품에는 청각 장애라는 비극적인 운명을 개척해

나간 한 인간의 투쟁 과정이 고스란히 담겨 있다. 그래서 이 곡은 더욱 숭고한 선율로 다가온다. 고통과 시련을 거쳐야만 환희의 감격을 느낄 수 있다는 베토벤의 메시지와 같다.

베토벤은 음악가에게는 사형선고나 다름없는 청각 장애라는 치명적 고통을 딛고 세대를 뛰어넘는 명작을 만들어냈다. 베토벤의 음악은 바로 그 자신의 삶의 거울이다. 그가 세상의 소리를 전혀 들을 수 없었기 때문에 자신만이 들을 수 있는 내면의 소리에 집착하였는지도 모른다. 그는 평생 독신으로 지내면서 연인들에게는 반드시 곡을 지어 바쳤다.

베토벤은 곧 죽을지도 모른다는 불안감에 싸여 유서를 쓰고 자신이 죽은 후에 개봉하라는 지시문을 남겼다고 한다. 그의 글을 한번 읽어 보자.

'내가 사람들 가까이 갈 때면 무서운 공포감이 나를 사로잡고 나의 상태가 주목받게 될 위험에 노출되기 때문에 두렵다. 내 옆 사람이 목동의 노래를 들었을 때, 그러나 나는 아무것도 듣지 못했을 때 얼마나 부끄러웠는지! 그런 일들이 나를 절망으로 몰고 갔고 조금만 더 갔으면 나는 생명을 스스로 끊었을 것이다. 나를 되돌려

준 것은 오직 나의 예술이다. 아, 내가 내 안에서 느끼는 모든 것을 끌어내 놓기 전에 세상을 떠난다는 것은 내게는 불가능해 보였다.'

서양 음악사에서 베토벤의 존재는 절대적이다. 불굴의 의지로 운명을 이겨낸 이 위대한 작곡가는 생전 135곡의 완성된 작품을 남겼다. 프랑스의 소설가요, 사상가인 로맹 롤랑은 «베토벤의 생애»라는 글에서 "사상이나 힘에 의해서 승리한 자들에게 나는 영웅이라는 명칭을 거부한다. 오로지 심정(心情)에 의하여 위대했던 사람들만을 나는 영웅이라 부른다"라고 강조하였다.

1915년 노벨문학상을 받은 롤랑의 대하소설 «장 크리스토프»는 베토벤과 자신의 정신을 이상화한 독일 태생의 천재 음악가 장 크리스토프의 고난과 파란 많은 생애를 감동적으로 표현하였다. 작품에서 롤랑은 "인간의 위안과 영광을 위해서 주어진 가장 아름답고도 고상한 예술을 위해서라면 다소의 고통은 받을 만한 값어치가 있는 것이다"라고 말한다.

오스트리아의 천재 작곡가 모차르트를 소재로 한 영화 «아마데우스»는 합스부르크가의 궁정악사 살리에르가 재능 있는 모차르트를 지켜보며 질투와 흠모를 동시에 느끼는 이중적 심리를 그린 명작이다. 살리에르는 경박하고 방탕한 행동을 하는 모차르트가 자신이 감히 넘지 못하는 천재적 음악성을 갖고 있다는 사실을 깨닫고 괴로워한다.

이 영화에서 밀로스 포먼 감독은 '신의 아들' 모차르트의 파란만장한 일생과 살리에르의 너무나 인간적인 고뇌를 뮤지컬과 미스터리 장르를 넘나들며 극적으로 표현하였다. 1985년에 아카데미 작품상 · 감독상 · 남우주연상 등 8개 부문을 석권하였다.

천재적인 음악성을 가졌으나 병마와 가난에 시달리던 모차르트는 자신이 존경하던 아버지의 죽음에 커다란 충격을 받고 자책감에 시달린다. 살리에르는 이것을 이용해 모차르트에게 진혼곡 작곡을 부탁하여 아버지의 환상에 시달리도록 유도한다. 결국 모차르트는 심리적 중압감으로 죽게 되지만 살리에르 역시 그 나름의 대가를 치르게 된다.

20여 년 전에 모차르트의 음악을 들으면 비록 단기간이나마 두뇌의 시공간 인지능력이 향상된다는 이른바 '모차르트 효과'가 등장하여 많은 부모들의 마음을 뒤흔들었다. 모차르트 효과는 특히 어렸을 때 두드러진다고

하여 클래식 음악 듣기가 태교의 필수항목으로 떠오르기도 하였다.

지금까지 우리나라에서 가장 많이 작품전이 열린 외국 화가는 스페인의 파블로 피카소로, 회화 · 판화 · 도예를 합하여 모두 스물아홉 번이다. 주로 프랑스에서 활약하였으며 큐비즘을 창시하였다. «아비뇽의 여인들»과 대벽화 «게르니카»는 현대미술의 기념비적 작품이다.

스페인 남부 안달루시아 지방에서 미술교사의 아들로 태어난 피카소는 17세 때 마드리드의 왕립미술학교에 입학했으며 그 해에 생애 첫 개인전을 열었다. 37세 때 정식으로 결혼하고 독일 공군의 게르니카 폭격에 반항하여 «게르니카» 대벽화를 그렸다. 65세에 22세의 프랑수와즈와 열애에 빠졌다가 그 뒤에 또 40세나 연하인 어린 소녀와 결혼하였다. 다시 70세에 자클린이라는 여성을 사랑하기도 하였다. 93세의 나이로 세상을 떠났는데, 평소에 "삶을 모방해서는 안 된다. 삶처럼 열심히 일해야 한다"고 외쳤다.

네덜란드의 화가 빈센트 반 고흐는 자신의 귀를 잘랐다. 37세의 짧은 인생으로 생을 마감한 그는 인상파의 영향을 받아 대담한 터치로 율동적인 선과 밝고 격렬한 색조의 독특한 화풍을 확립하여 100점의 유화와 700점의 데생을 그려 용기와 열정, 도전정신으로 «자화상» «해바라기» «까마귀가 있는 보리밭» 등의 작품을 남겼다. 목사의 집안에서 태어났지만 화가의 길을 택하였다. 제대로 된 전문교육을 받지도 못하였다. 그러나 실망하지 않고 자신만의 고집스러운 영역을 구축해 나갔다.

고흐는 동생 테오의 도움을 많이 받았는데, 동생 부부의 아들 이름은 그의 이름과 똑같은 빈센트 빌렘이다. 이 세상 누구보다 각별하게 아끼던 동생이었다. 당시 고흐는 프랑스 남부, 생레미의 정신병원에서 생활하고 있었다. 반복적으로 찾아오는 발작과 환각 증상이 두려운 나머지 그 스스로가 선택한 일이었다. 배고픔 속에서도 꿋꿋하게 살면서 귀를 자른 후 붕대로 감싼 모습을 «자화상»으로 그렸다. '광기는 천재의 증명'이라는 속설을 몸으로 입증한 것이다.

그러나 1890년 우울을 이겨내지 못한 그는 결국 자살하고 말았다. 초기에 신경과민 증세가 심해지고 있을 때 그는 "새로운 화가를 세상은 광인(狂人) 취급한다. 내가 돌아버릴수록 더 진정한 예술가로 가는 줄도 모르고…" 라고 하였단다. 권총으로 자신을 쏜 지 이틀 후 죽었는데, 그는 죽기 직전에 "나는 왜 이렇게 모든 일이 서툴지? 총 쏘는 것도 제대로 할 줄 모르니…"라고 중얼거렸다고 하니 진정 예술가의 시작과 끝은 어디일까. 극도로 상심한 동생 테오 또한 6개월을 버티지 못하고 세상을 떴다. 그의 1888년작 «담배 파이프가 놓여 있는 빈센트의 자리»는 화가 자신의 빈 의자를 그린 그림이다.

조선시대 화가 최북(崔北)은 애꾸눈에 거지 행색이었으나 술 석 잔 들어가면 붓놀림이 거리낌이 없어 당시 이름 높던 안견(安堅)도 저리 가라 할 정도였다. 미치광이로 소문난 화가였던 그는 자기를 몰라주는 세상에 분노하여 스스로 한쪽 눈을 찔렀고, 나이가 마흔아홉이 되던 해에 열흘을 굶은 후 그림 한 폭 판 돈으로 술에 취하여 집으로 돌아가다가 눈길에 쓰러져 죽었다는 전설의 주인공이다.

세상을 거꾸로 보는 사람들

벨기에의 초현실주의 화가 르네 마그리트는 머리로 그림을 그렸던 대표적인 사람이다. 우리에게 익숙한 것들을 '발상의 전환'으로 기발한 아이디어를 도출하여 재구성하는 것이었다. 작품의 특색은 조화되지 않는 사물을 화면에 방치함으로써 기괴한 효과를 나타냈다. 창조적 융합을 위하여 마그리트가 사용한 방법 중 하나는 '거꾸로 뒤바꾸기'이다.

그가 그린 «공동발명»이라는 작품을 보면 "햐, 이렇게도 그릴 수가 있구나!"하고 단박에 느낌이 확 다가온다. 마그리트는 우리가 익히 알고 있는 '인어공주'나 '인어상'에 나오는 인어의 상반신과 하반신을 뒤바꿨다.

그러니까 상반신이 인어이고 하반신이 사람이다. 너무나 익숙한 대상을 지극히 사실적으로 표현하였기 때문에 뒤바꿈이 유발하는 신선한 효과는 '만점'이다.

일본의 스타 작가 무라카미 하루키는 2009년 작품 «1Q84»를 조지오웰의 «1984»에서 영감을 얻어 두 남녀의 아련한 첫사랑 이야기로 엮었다. 우리나라에서 180만 부가 팔려 베스트셀러 반열에 오른 이 작품은 '리틀피플'의 존재를 부각시켜 원래의 세계와 병행되는 또 다른 세계를 등장시켰다. 이것이 모두 기존의 질서를 거꾸로 보고 발상의 전환을 가져온 것이다.

노르웨이 화가 메드바르 뭉크는 평생 신경증으로 고통을 받아 내면의 어둠을 화폭에 분출하였다. 뭉크는 다섯 살 때 어머니를, 열네 살 때 누이를 결핵으로 잃었다. 그의 대표작 «절규»(1893년)는 핏빛 노을이 지는 마을을 배경으로 귀를 막은 채 한껏 내면의 소리를 발산하는 일그러진 인물이다. 오슬로에 뭉크미술관이 있다.

이탈리아 피렌체에서 사생아로 태어나 일생을 독신으로 지내면서 자식을 한 명도 남기지 않은 레오나르도 다빈치는 '팔방미인'이라는 찬사가 가장 잘 어울리는 인물이라 할 정도로 다방면에서 탁월한 재능을 보였다.

주로 피렌체와 밀라노 · 프랑스에서 활동하였으며 «모나리자» «최후의 만찬» «비트루비우스의 인체비례» 등 불후의 명화를 그린 화가이자 조각가, 낙하산을 창안해 낸 발명가, 군사전문가, 건축가, 음악가, 해부학자, 도시 계획가, 지리학자, 식물학자로 맹활약한 르네상스 시대를 대표하는 전인(全人)이라고 할 수 있다. 회화에서는 엄격한 관찰을 바탕으로 한 인체 · 공간 표현과 깊은 정신성으로 르네상스 회화의 정점을 차지하였고, 예술 · 인생 · 인체연구 · 자연관찰 · 기계설비 등의 많은 소묘(素描)나 각서(覺書)는 르네상스를 대표하는 천재의 통일적 세계관을 전하였다.

스페인 화가 살바도르 달리는 초현실파 회화의 대표적 존재로, 프로이트에 공명하여 의식 하에서의 꿈이나 환상의 세계를 사실적(寫實的) 수법으로 표현하였다. "나와 미친 사람 사이의 한 가지 차이점이 있다면 그건 바로 내가 미치지 않았다는 것이다"라는 말을 남긴 달리는 바르셀로나 인근 작은 도시 피게레스의 바닷가에서 태어났다.

그는 때로는 편집증 환자, 강박주의자로 불렸고 실제로도 지나친 자기 확신과 과도한 소심함을 오가며 살았다. 10년이나 연상인 유부녀와 결혼한 그는 평생을 오만과 광기, 때로는 광대 행동으로 보냈던 예술가였다.

인간이 만든 모든 건축물 가운데 가장 오랫동안 지어진 건물은 스페인 바르셀로나의 성 파밀리아(가족)성당이다. 천재 건축가인 안토니 가우디가 1882년에 건축을 시작하여 74세 때 교통사고로 숨질 때까지 평생을 이 성당 건축에 바쳤다. 그의 사후에도 여러 명의 건축가들이 공사를 진행하였으며 앞으로도 200년이 더 걸린다고 한다.

미국의 화가 새뮤얼 모스는 1830년 파리의 루브르박물관을 방문하여 '루브르 갤러리'를 캔버스에 그렸다. 그로서는 야심작이었으나 미국 대중의 반응이 차가워지자 그림을 포기하고 발명가가 된다. 그가 만든 것이 바로 전신기와 모스 부호이다.

영국의 희극 영화배우 찰리 스펜서 채플린은 주로 미국에서 활약하며 독특한 분장과 뛰어난 인간관찰, 날카로운 사회 풍자로 명성을 얻었다. 유태인이었던 아버지는 극장 관리인이었으나 술주정뱅이로 일찍 죽었고, 어머니도 유태인으로 일찍 사망하였다.

채플린은 11세 때 단역으로 무대에 서게 되었으며 부

단히 노력하여 팬터마임 희극에 손을 대기 시작하였다. 그는 여성 편력도 많았다. 19세 연하의 여인과 결혼도 하고, 몇 번의 이혼 끝에 세계적인 극작가 유진 오닐의 딸과 결혼하였는데 37세의 연하였다. 그의 대표작은 «독재자» «모던 타임스» «황금광 시대(黃金狂時代) 등이 있다.

일본에서 지난 2011년 아흔아홉 살 시바타 도요 할머니가 낸 시집 «약해지지 마»가 150만부 판매를 돌파하였다. '99세까지 팔팔하게 살자'는 뜻의 '9988'이라는 우리나라의 숫자 은어(隱語)가 무색해진다. 예술가에게는 나이는 한낱 숫자에 불과하다는 것을 보여주는 좋은 사례이다. 아흔두 살에 처음 시를 쓰기 시작한 아마추어이지만 노경(老境)의 깨달음과 지혜를 쉬운 말로 전하면서 웅숭깊은 감동을 빚어냈다. 그 할머니는 "인생이란 언제라도 지금부터야. 누구에게나 아침은 찾아온다"고 하였다. 그녀는 나이만 아흔아홉 살이었지, 정작 '문학소녀'였던 것이다. 그녀는 2013년 1월에 백한 살 나이로 세상을 떠났다.

나이를 뛰어넘은 문학가들이 많다. 빅토르 위고가 예순에 소설 «레미제라블»을 펴낸 것을 비롯하여 괴테는 여든둘에 «파우스트»를 완성하였다. 괴테는 "시신(詩神) 뮤즈는 젊은 시인의 천진무구함도 즐기지만 노(老)시인의 신중한 현명함도 좋아한다"고 피력하였다. 괴테는 "남성은 여성을 통해 남성을 확인하고, 여성은 남성을 통해 여성을 확인한다"면서 74세인 자신이 17세 소녀를 사랑하였다. 그것은 아마 자신을 확인하려는 안간힘이었을 것이다. 톨스토이는 일흔 넘어서야 «부활»을 내놓았다.

미국 소설가 헤밍웨이는 단편 «노인과 바다»에서 늙은 어부를 이렇게 묘사하였다. '머리가 허옇고 수척하지만 두 눈만큼은 바다 빛깔이고 쾌활함과 불굴의 의지로 불탄다.' 사냥과 낚시를 아주 좋아했던 헤밍웨이는 1933년 여름에 10주 동안 케냐와 탄자니아 일대를 여행하였을 때 아프리카의 최고봉 킬리만자로에 푹 빠져서 사냥을 즐겼고, 그때의 경험을 작품에 담은 것이 «킬리만자로의 눈»이다. 단편소설인 «킬리만자로의 눈»은 1952년 영화로도 만들어져 더욱 유명해졌다.

자유의 길을 찾아

이제 «젊은 예술가의 초상»을 다 읽은 시점에서 다시 한번 대체적인 얼개를 되새김질해 보자.

제임스 조이스의 출세작 «젊은 예술가의 초상»은 주인공 스티븐이 자신의 의식세계를 넓혀 가는 동안 자아를 탐색하는 과정에서 내적 성장과 발전의 모습을 통하여 '인간의식의 재형성'을 그려 나갔다. 스티븐은 앞에서도 이야기가 나왔지만 외부에서 가해지는 압력에 대하여 절대적으로 순종하지 않고 자신을 둘러싼 '권력'들이 지니는 부정적인 요소들을 인지하면서 자아탐색과 더불어 자의식의 성장을 도모하였다.

여러 형태의 훈육 기술과 보이지 않는 권력들은 스티

븐의 신체를 특정한 방향으로 작동하게끔 훈련시켰다. 그러나 스티븐은 자기의 숨은 재능을 이용하여 자신의 삶을 주체적으로 구성하려고 노력하며 끊임없이 자기 내부를 들여다보고 자신에게 전념하는 행동들을 견지해 왔다.

이러한 사실들을 통하여 그가 단순히 외부의 강압으로부터 만들어지고 강제되는 종속적인 주체가 아님을 알 수 있었다. 스티븐은 자신을 병풍처럼 에워싼 환경과 권력 간의 상호작용을 통하여 자신만의 인간성을 조정해 나갔다.

그리스·로마식 윤리의 수호자 스티븐은 정신이 구속되지 않은 자유로운 상태에서 그 자체를 표현할 수 있게 해줄 삶 또는 예술의 양식을 찾으려 하였다. 그러나 가톨릭교 교권이 지배력을 장악한 아일랜드 사회에서 스티븐을 구속하는 가족·학교·국가는 가톨릭교라는 종교와 유기적인 관계를 이루고 있었다. 따라서 가톨릭교는 아일랜드 전반에 막대한 권력을 행사할 뿐만 아니라 아일랜드 국민들의 의식을 지배하는 메커니즘으로 작동하였다. 가톨릭교가 지닌 권력의 기능은 현세와 자기의 완전한 포기를 강요한 것이다.

가톨릭교의 권력은 교회를 따르는 사람들에게 일련의 행위 지침과 규율을 부과하고 이에 순응하도록 이끌어 그들이 종교적 진리를 자기인식으로 수용하게 만들었다. 그리하여 그들이 내·외면적으로 스스로를 감시하게 조종하였다. 그 결과 가톨릭교의 권력은 내재화된 계율에 복종하는 예속적인 주체를 생산해 냈다. 정교하게 다루어지는 훈육 방법과 고백의 기제는 매우 미세하고 은밀하게 스티븐에게 풀무질을 함으로써 그가 종교적 담론 질서의 테두리에서 자유로울 수 없었다. 이러한 과정을 통하여 스티븐은 예속적인 인간으로 길들여진 것이다.

그러나 스티븐의 내면에는 자신에게 전념하는 내향적인 성향이 도사리고 있었다. 그는 자신을 보호막처럼 둘러싼 가톨릭교 권력에 대하여 비판적 태도를 지니고 저항하면서도 한편으로는 자신에게 행동의 규칙들을 부여하고 자신을 변화시키고자 애를 썼다. 인간은 누구나 자신의 욕망을 충족시키기 위하여 저마다의 위치에서 고군분투하며 살아가는 것이다.

'스티븐 디덜러스'라는 이름의 조합에서 보듯 그의 영혼은 사제와 예술가라는 운명적 선택 사이에 놓여 간단없이 내적 충동을 겪었다. 그런 가운데 이해하기 힘든

심리적 갈등을 경험한 스티븐은 복잡한 신앙생활과 은총의 과정을 한 번에 허물어뜨릴 수 있다는 사실을 깨달았다.

여기에서 독일의 시인이요, 소설가인 헤르만 헤세의 작품 «데미안»을 소개하지 않을 수 없다. 부제(副題)가 '에밀 싱클레어의 젊은 시절의 이야기'로, 한 소년의 성장기 과정에서 눈뜨는 자아발견을 묘사한 소설이다. 섬세하고 영향받기 쉬운 정서적인 인물인 싱클레어는 초등학교 때 크로머에게서 지옥 같은 악을 배운다. 그리고 용기와 의지와 미래에의 깊은 투시력을 가진 데미안을 정신적인 우상으로 삼고 높은 인간정신을 익힌다. 고교 시절과 대학 시절 초기에는 탕아가 되어 방황하지만 베아트리체라는 소녀를 알고는 새로운 인생을 출발한다.

«데미안» 소설의 내용 중에서 가장 백미의 글은 데미안이 싱클레어에게 써 보낸 편지의 글귀이다. '새는 알에서 나오려고 싸운다. 알은 새의 세계이다. 태어나려고 하는 자는 하나의 세계를 파괴하지 않으면 안 된다. 새는 신을 향하여 날아간다. 그 신의 이름은 아프락사스(신인 동시에 악마의 신. 밝은 세계와 어두운 세계를 가지고 있음)!라고 한다.'

헤세는 1877년생이고 조이스는 1882년생이니까 거의 동시대 예술가로서 «젊은 예술가의 초상»에 나오는 스티븐이 «데미안»에 나오는 싱클레어의 행적을 눈여겨보는 것도 좋겠다.

헤세는 경건한 선교사 집안에서 교육을 받았으나 신학교에 다니던 중 "시인이 되지 못한다면 아무것도 되지 않겠다"며 신학교를 뛰쳐나와 시를 썼다. 28세 때 9세 연상인 여성과 결혼하였으나 부부생활이 원만하지 못하여 47세 때 20세 연하인 스위스 여성과 두 번째 결혼을 하였다. 하지만 그것도 실패하고 세 번째는 18세 연하인 여성과 결혼하여 아내의 우호적인 내조 덕택에 그는 착실히 창작 업적을 쌓아 나갔다. 1946년에 노벨문학상 · 괴테상을 수상한 그는 현대문명에 대하여 깊이 비판하고 마음의 심오한 탐구와 동양적 신비에의 동경이 얽힌 소설을 썼다.

스티븐은 차츰 성장하면서 자신의 삶을 은총받기 위한 자기포기의 삶이 아니라 자신의 영혼에 관하여 마음을 쓰는 예술작품으로서의 삶을 엮어나가려 하였다. 신화적 주체가 그러하였듯이 스티븐은 일정한 법칙들에 의거하여 자율적으로 자신을 통제하고 훈련을 통하여 현세에서 아름다운 존재의 예술작품을 꾸미고자 하였다. 그것은 바로 자신의 내면에서 꿈틀거리는 예술가로서의 운명을 받아들이는 일종의 의식(儀式)이었다.

그는 미지의 세계에서 아름다움을 창조하기 위하여 토마스 아퀴나스의 미학이론을 이용, 완벽하지는 않으나 자신만의 미학이론을 싹 틔워 나갔다. 자신이 직접 경험한 일들을 통하여 그는 자신을 옭아매고 있는 억압적인 굴레를 벗어나 자신의 본질을 재발견하였다. 자기 삶을 예술로 인도하며 내적 진리를 추구하고 자신의 목소리에 귀를 기울이는 의무를 다하는 스티븐이야말로 스스로의 변화를 시도하는 자기 실천적이고 자기배려의 주체였다.

스티븐은 환경적으로 많은 권력들로부터 종속을 강요받았지만 이에 굴하지 않았다. 그는 자기 형성의 실천으로 자기를 꿋꿋이 지키려는 인간성을 확립하고 스스로의 변화를 일구어 냈다. 스티븐에게 무한한 박수를 보내고 싶다. 그의 이러한 행동은 오늘을 살아가는 현대인들 자신을 되돌아보게 한다.

예술가는 어기찬 자기파괴와 자기탈피의 노력이 있어야 새로운 창조의 세계로 들어서는 기쁨을 누린다. 불을 지르고 영감을 얻는 작곡가를 그린 김동인의 소설 «광염 소나타»나, 금칠을 한 법당의 아름다움에 반하여 불을 지르는 도제승의 이야기를 다룬 미시마 유키오의 «금각사»에서 느낄 수 있듯, 기존의 카테고리에 갇혀 운신의 폭이 좁아지면 제자리걸음만 하고 만다. 고난과 핍박의 가시덤불을 헤쳐 나오기 위해서는 모름지기 자신의 정체된 낡은 관념을 과감히 던져 버리고 하나의 경험에서 하나의 지혜를 터득하는 실사구시(實事求是) 정신이 있어야 한다. "인간 최대의 승리는 내가 나를 이기는 것"이라고 말한 플라톤처럼.